# GRAMÀTICA
## pràctica
## del CATALÀ
# Solucionari

**TEIDE**

## UNITAT 1

**1**

| Noms propis | Noms comuns |
|---|---|
| 2. Ripollès<br>4. Serra<br>7. Toni<br>8. Can Manel | 1. poble<br>3. hostal<br>5. menjar<br>6. gent<br>9. bar<br>10. postal |

**2**

1. aigua: I; 2. cafè: I; 3. ordinador: C;
4. paciència: I; 5. fred: I; 6. diccionari: C; 7. carn: I;
8. un cafè: C; 9. exercici: C; 10. temps: I

De matèria: aigua, cafè, carn.
Abstractes: paciència, fred, temps.

**3**

1. a-3, b-4.; 2. a-6, b-5.; 3. a-7, b-8.
4. a-9, b-10.; 5. a-11, b-12.; 6. a-14, b-13

**4**

1. públic; 2. gent; 3. alumnat; 4. client/a;
5. espectador/a; 6. alumne/a; 7. persona;
8. clientela

Els noms col·lectius són: públic, gent, alumnat i clientela.

## UNITAT 2

**1**

1. germana; 2. tieta; 3. cosina; 4. neboda; 5. cunyada

**2**

1. subdirectora
2. tècnica d'informàtica
3. psicòloga laboral
4. advocada/advocadessa
5. encarregada de manteniment
6. secretària
7. empleada comercial
8. becària

**3**

1. jardinera - g
2. mestre - k
3. cardiòleg - j
4. monjo - h
5. metge, metgessa - d
6. venedora de cotxes - a
7. operària de fàbrica - b
8. jutge, jutgessa - f
9. política - i
10. conductora d'autobús - e

1. Per ser jardiner o jardinera cal estar disposat a treballar a l'aire lliure.
2. Per ser mestre o mestra cal tenir molta paciència i saber ensenyar.
3. Per ser cardiòleg o cardiòloga cal haver estudiat medicina i especialitzar-se en el cor.
4. Per ser monjo o monja has d'estudiar teologia.
5. Per ser metge o metgessa cal estudiar durant molts anys i no impressionar-se en veure sang.

**4**

1. noia; 2. amiga; 3. actriu; 4. biòloga;
5. empleada; 6. gata; 7. ballarina; 8. fotògrafa;
9. directora; 10. propietària

## UNITAT 3

**1**

1-f; 2-b; 3-h; 4-c; 5-d; 6-e; 7-a

**2**

1. la gerent
2. la comptable
3. la publicista
4. la tresorera
5. la informàtica
6. la secretària
7. la cap de secció
8. la conserge
9. la recepcionista

**3**

1. esportista, esportista.
2. cantant, cantant.
3. pianista, pianista.
4. cuiner, cuinera.
5. responsable, responsable.
6. artista, artista.
7. actor, actriu.
8. jardiner, jardinera.
9. atleta, atleta.
10. aprenent, aprenent.
11. cap, cap.

**4**

1. un nadó
2. un, una estudiant
3. una mare
4. un client
5. una papallona
6. un mosquit
7. un cargol
8. un, una trompetista
9. una girafa
10. una dependenta
11. un peix
12. un amo
13. una gamba
14. una víctima
15. una persona

**5**

1. testimoni; 2. vianant; 3. directora; 4. estudiant;
5. nòvio; 6. concursant; 7. periodista; 8. meteoròloga;
9. home; 10. dona; 11. cantant; 12. artista; 13. client

## UNITAT 4

**1**

1. M, vocal *i*; 2. M, consonant; 3. F, vocal *a*;
4. M, vocal *e*; 5. M, vocal *i*; 6. M, consonant;
7. M, vocal *o*; 8. F, vocal *a*; 9. M, consonant;
10. F, vocal *a*; 11. M, consonant; 12. M, vocal *i*;
13. M, consonant; 14. M, vocal *i*; 15. M, vocal *e*;
16. M, vocal *o*; 17. F, vocal *a*

**2**

| Tenen les terminacions habituals del masculí i el femení | |
|---|---|
| Masculí | Femení |
| el televisor<br>el prestatge<br>el gerro<br>el ganivet<br>un equip de música<br>el got | la forquilla<br>la taula<br>la copa<br>la cadira |

| Són casos particulars | |
|---|---|
| Masculí | Femení |
| el sofà | la ràdio<br>la postal<br>la connexió d'internet |

**3**

1. La missió; 2. El sistema; 3. El resultat;
4. La classe; 5. El tema, la desigualtat;
6. La unió; 7. el dia; 8. la joventut; 9. la pell

**4**

1. un llum, la llum
2. la Terra
3. un guia/una guia
4. un editorial
5. un coma
6. la clau
7. la terra
8. El terra
9. Una editorial
10. la coma

## UNITAT 5

**1**

1. dos conills
2. dues vaques
3. dues puces
4. dos cucs de seda
5. dues formigues
6. dues truges
7. dues eugues
8. dues papallones
9. dues girafes
10. dos grills
11. dos gats
12. dues serps
13. dues xinxilles
14. dues llames
15. dues rates

**2**

1. vins; 2. avions; 3. sofàs; 4. esquís;
5. col·leccions; 6. cinturons; 7. plans;
8. instruccions

**3**

1. esforços; 2. mesos; 3. progressos;
4. impostos o imposts; 5. boscos o boscs;
6. riscos o riscs; 7. pastissos; 8. gustos o gusts;

9. calaixos; 10. peixos; 11. textos o texts;
12. desitjos o desigs

Terminacions que fan el plural en -os: -s, -ç, -st, -sc, -ix, -xt, -ig.

**4**

| -s | -es |
|---|---|
| pals (pal)<br>abrics (abric) | raquetes (raqueta)<br>tortugues (tortuga) |

| -ns | -os |
|---|---|
| mitjons (mitjó)<br>camions (camió) | cascos (casc)<br>peixos (peix) |

**5**

1. Països; 2. Catalans; 3. castells; 4. poblacions;
5. colles castelleres; 6. castellers; 7. homes;
8. dones; 9. nens; 10. nenes; 11. castells;
12. festes; 13. carrers; 14. passejos / passeigs;
15. pobles; 16. ciutats

## UNITAT 6

**1**

1. uns calçotets; 2. un cinturó; 3. unes ulleres;
4. un mitjó; 5. uns guants; 6. un rellotge;
7. una arracada; 8. unes setrilleres; 9. una paella;
10. unes estovalles; 11. unes tisores de cuina

**2**

1. diferents formatges, formatge;
2. farina, moltes farines; 3. la generositat;
4. cerveses, suc; 5. aigua; 6. del fred; 7. carn

**3**

| Singular | Plural |
|---|---|
| la frescor<br>la paciència | les tovalles<br>els afores<br>els calçotets<br>les pessigolles |

| Singular i plural |
|---|
| el / els dijous |
| el / els virus |
| l' / els atles |

**4**

1. El / Els; 2. els; 3. El / Els; 4. el / els;
5. els; 6. les

## UNITAT 7

**1**

1. alta, alts, altes
2. antipàtica, antipàtics, antipàtiques
3. enfadada, enfadats, enfadades
4. moderna, moderns, modernes
5. tímida, tímids, tímides
6. eixerida, eixerits, eixerides
7. ensopida, ensopits, ensopides

**2**

1. frescos i barats
2. internacionals i cremosos
3. gustosos i grocs
4. àcids i grossos
5. alimentosos i afruitats
6. verds i gustosos
7. francesos i naturals
8. dolços i salats
9. forts i fluixos

**3**

1. toves; 2. Europea; 3. gamberra; 4. ampla;
5. aèria; 6. ingènua; 7. maques; 8. nova;
9. còmoda; 10. espontànies

**4**

1. dolça, simpàtica, treballadora
2. peruana, senegalesa
3. bessons, rossos, foscos
4. esquerranes
5. atrevides, aventureres
6. italians, Catalans
7. fresques, ecològiques
8. esportiva, còmoda, econòmics

**5**

1. irlandeses; 2. simpàtiques / fantàstiques;
3. anglesos; 4. negra; 5. forta; 6. grassa; 7. prima;
8. alegres; 9. tristos / trists; 10 fantàstics / simpàtics

## UNITAT 8

**1**

1. rima *natural*
2. amiga *cruel*
3. persona *intel·ligent*
4. visió *espectacular*
5. economia *pitjor*
6. mossegada *atroç*
7. primavera *subtil*
8. treballadora *capaç*
9. experiència *diferent*
10. neteja *constant*

**2**

1. Poemes *actuals*, rimes *naturals*
2. Amics *fidels*, amigues *cruels*
3. Entrepans *calents*, persones *intel·ligents*
4. Somnis *regulars*, visions *espectaculars*
5. Bancs *millors*, economies *pitjors*
6. Llops *feroços*, mossegades *atroces*.
7. Paisatges *tranquils*, primaveres *subtils*
8. Caps *eficaços*, treballadores *capaces*
9. Viatges *sorprenents*, experiències *diferents*
10. Pisos *elegants*, neteges *constants*

No hi ha rima en el vers número 6 –Llops *feroços*, mossegades *atroces*– i en el número 8 –Caps *eficaços*, treballadores *capaces*.

**3**

1. esportista, nòmada i responsable
2. xerraire, jove, alegre i jueva
3. noble, no hipòcrita, entusiasta i europeu
4. excursionista, lliure, no psicòpata i pobre

Fem canvis a: *jueu - jueva, europea - europeu, pobra - pobre.*

**4**

| Masculí singular | Femení singular |
|---|---|
| 1. home *valent* | dona *valenta* |
| 2. noi *racista* | noia *racista* |
| 3. cotxe *veloç* | moto *veloç* |
| 4. cabell *gris* | barba *grisa* |
| 5. pou *fondo* | piscina *fonda* |
| 6. jersei *groc* | faldilla *groga* |
| 7. nen *ros* | nena *rossa* |
| 8. país *bilingüe* | regió *bilingüe* |
| 9. pa *tou* | coca *tova* |

| Masculí plural | Femení plural |
|---|---|
| homes *valents* | dones *valentes* |
| nois *racistes* | noies *racistes* |
| cotxes *veloços* | motos *veloces* |
| cabells *grisos* | barbes *grises* |
| pous *fondos* | piscines *fondes* |
| jerseis *grocs* | faldilles *grogues* |
| nens *rossos* | nenes *rosses* |
| països *bilingües* | regions *bilingües* |
| pans *tous* | coques *toves* |

**5**

1. tranquil: B; 2. violent: B; 3. sonor: B;
4. sa: B; 5. suau: A; 6. llest: B; 7. diferent: A

**6**

1. felices; 2. boniques; 3. innocents; 4. rialleres;
5. valentes; 6. obedients; 7. joves; 8. hipòcrites;
9. cruels; 10. dolces; 11. iguals; 12. diferents

## UNITAT 9

**1**

1. nota
2. targeta de felicitació
3. anunci publicitari
4. missatge de mòbil
5. llista de la compra

**2**

| | Diferencia | Afegeix informació subjectiva |
|---|---|---|
| 1.<br>motxilla **nova**<br>xandall **blau** | x<br>x | |
| 2.<br>**excel·lent**<br>actuació | | x |
| 3.<br>**Magnífiques**<br>ofertes | | x |
| 4.<br>Accident **greu** | x | |
| 5.<br>plàtans **madurs**<br>ous **grossos**<br>farina **integral**<br>llet **descremada**<br>formatge **manxec** | x<br>x<br>x<br>x<br>x | |

**3**
1. estudiant xinès
2. benvolgut alumnat, tercer / primer divendres
3. gent aventurera
4. primera / tercera setmana
5. temps lliure
6. casc negre
7. gravíssima situació

**4**
1. mal; 2. bon; 3. bo; 4. mals; 5. mala; 6. dolenta

**5**
1a. noia pobra
1b. pobra noia
2a. gran actor
2b. actor gran
3a. vells amics
3b. amics vells
4a. trista presentació
4b. presentació trista
5a. simple animal de companyia
5b. animals simples

## UNITAT 10

**1**

| Masculí singular | |
|---|---|
| el | l' |
| el llibre | l'amic |
| el cotxe | l'informàtic |
| el número | l'examen |
| | l'hotel |
| | l'esmorzar |
| | l'ull |
| | l'univers |

| Femení singular | |
|---|---|
| la | l' |
| la carretera | l'església |
| la infermera | l'aigua |
| la humanitat | l'òpera |
| la indústria | l'illa |
| la història | l'última |

| Masculí i femení plural | |
|---|---|
| els | les |
| els cabells | les cançons |
| els esports | les cerveses |
| | les ulleres |

**2**
1. La, l'; 2. L', la; 3. la; 4. La, l'; 5. l', l'; 6. l'; 7. La, l'

**3**
1. l'
2. l', ~~de el~~ del
3. ~~per el~~ pel
4. ~~de els~~ dels
5. ~~a els~~ als
6. ~~de el~~ del, l'
7. ~~per els~~ pels
8. l', ~~a el~~ al

**4**
1. ~~el~~ amic: l'amic (nota B)
2. ~~al~~ Empordà: a l'Empordà (nota B)
3. ~~de el~~ dit: del dit (nota C)
4. l'italiana: la italiana (nota E)
5. ~~el~~ ús: l'ús (nota F)
6. l'història: la història (nota G)
7. ~~del~~ institut: de l'institut (nota H)
Les notes 3 i 8 són correctes.

**5**
1. un; 2. una; 3. una; 4. uns; 5. un; 6. un; 7. una; 8. uns; 9. unes; 10. una; 11. un; 12. un; 13. una; 14. unes

## UNITAT 11

**1**
1. a; 2. b; 3. b; 4. b; 5. a; 6. b

**2**
1-b. Un / Una lladre ha de saber l'horari dels bancs.
2-d. Un / Una cantant ha de ser simpàtic / a amb els seus fans.
3-a. Un polític / Una política no ha de dir mentides als ciutadans.
4-f. Un / Una model ha de ser atractiu / va.
5-c. Un traductor / Una traductora ha de saber llengües.
6-g. Un bon alumne / Una bona alumna no ha de copiar en els exàmens.

**3**
1. A; 2. C; 3. A; 4. B; 5. C; 6. C; 7. A

**4**
1. Uns extraterrestres s'emporten una dona.
2. Un home troba un dit dins un plat en un restaurant de luxe.
3. Una senyora gran atraca un banc.
4. Uns excursionistes troben una caixa amb uns / Ø deu milions d'euros.
5. Un director s'enfada perquè només guanya un òscar i ell en volia dos.

**5**

| Ús indefinit | Ús quantitatiu |
|---|---|
| uns extraterrestres | uns deu milions |
| una dona | un òscar |
| un home | |
| un dit | |
| un plat | |
| un restaurant | |
| una senyora | |
| un banc | |
| uns excursionistes | |
| una caixa | |
| un director | |

## UNITAT 12

**1**
1. B; 2. A; 3. C; 4. B; 5. C; 6. A; 7. B

**2**
1. la Sagrada Família; 2. un restaurant;
3. el Camp Nou; 4. el Museu Picasso;
5. un museu; 6. una botiga; 7. un hotel;
8. a l' aeroport

**3**
1. El vi
2. els malalts de càncer / el malalt de càncer
3. Les dones
4. Els animals de companyia
5. L'elefant
6. Les formigues
7. Els cabells

En la primera frase (El vi, durant els àpats i en petites dosis, és bo per a la salut) només es pot usar l'article amb valor genèric en singular.

**4**
1. ~~Un~~ El noi
2. ~~una~~ la ràdio
3. ~~Una~~ La noia
4. ~~un~~ el cap

## UNITAT 13

**1**
1. b; 2. a; 3. b; 4. b; 5. a; 6. b; 7. a

**2**
1. el bolígraf
2. una pel·lícula
3. el llibre
4. una illa
5. el noi
6. un vestit
7. Un amic
8. El veí

**3**
1. un; 2. les; 3. el; 4. El; 5. la; 6. l'; 7. una; 8. la;
9. els; 10. el; 11. la; 12. Un / Una; 13. un

**4**
1. ~~el~~ noi: un noi (nota B)
2. ~~un~~ diccionari: el diccionari (nota C)
3. ~~un~~ president: el president (nota E)
4. ~~una~~ moto: la moto (nota G)
5. ~~el~~ jersei: un jersei (nota H)

## UNITAT 14

**1**
1. Ø; 2. Un; 3. Ø; 4. Ø; 5. Una; 6. Ø; 7. Un;
8. Ø

**2**
1. Ø; 2. Ø; 3. Ø; 4. el; 5. la; 6. Ø; 7. un; 8. les

**3**
1. Tens germans?
2. Estudies idiomes?
3. Busques nòvio?
4. Fas esport?
5. Portes ulleres?
6. Portes barba?
7. Tens feina?

**4**
1. Ø; 2. Ø; 3. Ø; 4. un; 5. una; 6. Ø; 7. el;
8. Ø / una; 9. el; 10. Ø; 11. Ø

## UNITAT 15

**1**

| Continents, països, regions | Ciutats i pobles | Espais urbans |
|---|---|---|
| Àfrica | Londres | la rambla |
| Egipte | Lisboa | Joan Vila |
| Amèrica | el Caire | |
| el Perú | l'Havana | |
| Oceania | Barcelona | |
| Austràlia | Girona | |

**2**
1. a al; 2. Ø / al; 3. l'; 4. Ø / al 5. a al; 6. a al

**3**
1. les, la, Ø; 2. Ø, els; 3. el, Ø; 4. els, Ø, Ø;
5. l', Ø, el

**4**
1. la; 2. Ø; 3. el / els, de del; 4. L'; 5. Ø, la;
6. el

**5**
1. al; 2. a la; 3. al; 4. a l'; 5. al; 6. a la

## UNITAT 16

**1**
1. l'; 2. la; 3. l'; 4. l'; 5. la; 6. el / en; 7. la 8. l';
9. el / en; 10. la; 11. l'; 12. l'

**2**
1. l'
2. a al / a en
3. de del / de d'en
4. a al / a en
5. l'
6. l'
7. la
8. de del / d'en

**3**
1. Ø; 2. Ø; 3. Ø; 4. El / En 5. L'; 6. l'; 7. L'; 8. Ø;
9. Ø

**4**
1. Ø Carles, la Gemma, el Joan, els Garcia
2. d'Eusebi Sala
3. Ø Esteve Gómez, Ø Anna Garcia
4. en John Lennon, en Paul McCartney.
5. Ø Martí

**5**
1. el Pelut
2. el gat de la Carlota
3. el Tom
4. el / en Lluís
5. l'Ernest
6. de l'Elvis

## UNITAT 17

**1**
1. el mínim: article neutre
2. el mínim: el sou
3. el millor: article neutre
4. el millor: l'equip
5. el que dirà: article neutre
6. el que més t'agradi: el model
7. el clàssic: article neutre
8. el clàssic: el moble

**2**
1. el picant / el que és picant
2. El més important / El que és més important
3. El que dius
4. El més interessant / El que és més interessant
5. El que no suporto
6. El més fàcil
7. el que
8. el que és modern

**3**
1. Pel que fa a
2. Pel que sembla
3. al més aviat possible / al més ràpidament possible
4. Pel que fa al
5. al més ràpidament possible / al més aviat possible

**4**
1. lo impossible: l'impossible
2. lo millor: el millor
3. lo bonic: el que és bonic / el més bonic
4. lo que ha passat: el que / allò que ha passat / les coses que han passat
5. Lo mínim: el mínim
6. lo que són: el que són / allò que són

**5** (Les solucions són orientatives.)
1. La nostra relació / El nostre compromís / La nostra història / Això nostre...
2. els regals de la festa / les coses de la festa...
3. el teu problema / la teva lesió...
4. les coses de dalt / les caixes de dalt / els paquets de dalt...
5. les coses de demà / el material de demà / els llibres de demà...

## UNITAT 18

**1**
1. Aquesta; 2. Aquelles; 3. Aquests; 4. Aquella;
5. Aquestes; 6. Aquells; 7. Aquell

**2**
1. aquesta; 2. aquell; 3. aquella; 4. aquells;
5. aquest; 6. aquells; 7. aquelles

**3**

| Presents físicament | No presents físicament |
|---|---|
| 1. aquell quadre | 3. aquell animal |
| 2. aquesta nena | 4. aquell iot |
| 5. aquests llibres | |

**4**
1. Aquell; 2. Aquest; 3. Aquesta; 4. Aquell;
5. aquests

**5**
1. aquella; 2. aquests; 3. aquest; 4. aquella;
5. aquella; 6. aquell; 7. aquesta

Els demostratius que serveixen per assenyalar coses i persones del context són: 2, 3, 4 i 5.

**6**
1. aquell; 2. aquelles; 3. aquella; 4. Aquest;
5. aquella; 6. aquesta; 7. aquesta

## UNITAT 19

**1**
1. b; 2. c; 3. d; 4. c; 5. a; 6. b; 7. a; 8. d

**2**
1. això; 2. això; 3. allò; 4. això; 5. allò; 6. això;
7. allò

Diàlegs en què els demostratius neutres serveixen per referir-nos a coses o situacions que situem en el passat: 3 i 7

**3**
1. aquell; 2. això; 3. aquell / allò; 4. allò;
5. aquest; 6. aquelles / allò

**4**
1. correcte
2. allò
3. correcte
4. això
5. correcte
6. això

## UNITAT 20

**1**
1. a; 2. b; 3. g; 4. f; 5. d; 6. a; 7. g; 8. b; 9. h; 10. f

**2**
1. el meu; 2. els meus; 3. les meves;
4. les nostres; 5. la nostra; 6. els nostres;
7. el nostre; 8. la seva; 9. les seves; 10. els seus;
11. el seu; 12. el teu; 13. els teus; 14. la teva;
15. les teves; 16. les vostres; 17. el vostre;
18. la vostra; 19. els vostres; 20. la seva;
21. les seves; 22. els seus; 23. el seu

**3**
1. la meva, el nostre; 2. els seus; 3. els teus;
4. el seu; 5. els meus; 6. els vostres;
7. la seva

## UNITAT 21

**1**
1. nostres; 2. seves; 3. seu; 4. teves; 5. vostres

**2**
1. fills meus; 2. Mare meva; 3. La meva mare;
4. casa vostra; 5. casa meva; 6. les seves novel·les; 7. novel·les seves

**3**

1. A prop seu.
2. Al seu davant. / Al davant seu.
3. Al seu damunt. / Al damunt seu.
4. Al seu darrere. / Al darrere seu.
5. Al seu voltant. / Al voltant seu.
6. A sobre seu.

**4**

1. les ~~seves~~ mans
2. la ~~seva~~ cama
3. la ~~seva~~ camisa
4. els ~~seus~~ pantalons
5. el ~~seu~~ mòbil

## UNITAT 22

**1**

1. vint-i-cinc; 2. quinze; 3. trenta-tres; 4. setze;
5. setanta; 6. seixanta-sis; 7. cinquanta; 8. u

**2**

1. un pinyó
2. dues fulles
3. dos cucs
4. trenta-un bolets
5. vint-i-dues llavors
6. quaranta-una molles de pa
7. cinquanta-dos insectes
8. vuitanta-dues cireres
9. setanta-una avellanes

**3**

1. mil vuit-cents cinquanta-dos
2. mil vuit-cents seixanta-sis
3. mil nou-cents cinquanta-dos
4. mil nou-cents seixanta
5. mil nou-cents vuit

**4**

1. cent llaunes de sardines
2. quatre-centes ampolles d'oli
3. tres-cents paquets de llenties
4. cent bosses de pèsols
5. un milió de pots d'olives
6. dos milions sis-centes trenta-cinc mil bosses de patates fregides
7. quatre-centes vint rajoles de xocolata
8. dues-centes trenta capses de galetes

**5**

1. sis, vuit, set, tres, quatre, cinc, cinc, sis, sis / sis, vuitanta-set, trenta-quatre, cinquanta-cinc, seixanta-sis / sis-cents vuitanta-set, tres-cents quaranta-cinc, cinc-cents seixanta-sis
2. tres-cents setanta-vuit
3. i grega, dos, tres, quatre, dos, tres, u, zeta / i grega, vint-i-tres, quaranta-dos, trenta-u, zeta / i grega, dos-cents trenta-quatre, dos-cents trenta-u, zeta
4. dos mil u
5. dues

## UNITAT 23

**1**

1. les vuitenes eleccions

2. els segons plats
3. les terceres generacions
4. la primera vegada
5. els cinquens premis
6. els quarts participants / les quartes participants
7. la sisena parada

**2**

1. la segona; 2. el primer; 3. la novena;
4. el setè; 5. el tercer; 6. la cinquena;
7. la sisena; 8. el desè

**3**

1. l'onzena planta / la planta onze
2. la tercera planta / la planta tres
3. la dotzena planta / la planta dotze
4. la vuitena planta / la planta vuit
5. la quinzena planta / la planta quinze
6. la setzena planta / la planta setze
7. la cinquena planta / la planta cinc

**4**

1. setè
2. quart
3. desè
4. cinquena
5. novena

## UNITAT 24

**1**

1. el triple / tres vegades més / tres cops més
2. quatre vegades més / quatre cops més
3. tres vegades més / tres cops més / el triple
4. el doble de / dues vegades més / dos cops més

**2**

1. un quart de
2. mitja / la meitat d'una / la meitat de la
3. una tercera part / un terç
4. mig / la meitat d'un / la meitat del
5. un terç de / una tercera part de
6. mitja / la meitat d'una / la meitat de la
7. un quart de / una quarta part d'un / una quarta part del

**3**

1. mig refredada
2. a mitja classe / a la meitat de la classe
3. la meitat de la classe / mitja classe
4. a mig matí
5. mig matí
6. mitja llimona / la meitat d'una llimona
7. la meitat de la farina

**4**

1. un parell d'amics
2. una dotzena d'ous frescos
3. un centenar de convidats
4. la primera quinzena, la segona quinzena
5. una trentena de veïns
6. una vintena de cries

## UNITAT 25

**1**

1. a; 2. a; 3. b; 4. a; 5. a; 6. b; 7. b

**2**

| | cafè | carn |
|---|---|---|
| 1. | massa | massa |
| 2. | bastant | bastanta |
| 3. | gens de | gens de |
| 4. | una mica de | una mica de |
| 5. | | |
| 6. | poc | poca |
| 7. | força | força |
| 8. | prou | prou |
| 9. | no gaire | no gaire |

| | plàtans | taronges |
|---|---|---|
| 1. | massa | massa |
| 2. | bastants | bastantes |
| 3. | | |
| 4. | | |
| 5. | uns quants | unes quantes |
| 6. | pocs | poques |
| 7. | força | força |
| 8. | prou | prou |
| 9. | no gaires | no gaires |

Noms incomptables: gens de i una mica de.
Noms comptables: uns quants / unes quantes.

**3**

1. gaires; 2. uns quants; 3. cap; 4. gens;
5. poques; 6. poc; 7. unes quantes

**4**

1. molt / bastant / força
2. massa / molt
3. massa / molt
4. gens / gaire
5. bastant / força
6. gens
7. molt
8. bastant / força
9. gaire

**5**

1. llarguíssims
2. caríssimes
3. pobríssima
4. intel·ligentíssim
5. comodíssimes
6. llunyíssim
7. tardíssim

**6**

1. (gens) ni mica de / gota de; 2. un pessic de;
3. un munt de; 4. un raig de;
5. (gens) ni mica de / gota de;
6. un munt de / una pila de / un grapat de / una colla de

## UNITAT 26

**1**

1. bastant / força
2. prou
3. prou

6

4. bastantes / força
5. prou
6. bastant / força
7. prou
8. bastant / força

**2**
1. Fina
2. Paula
3. Paula
4. Fina
5. Fina
6. Paula
7. Paula
8. Fina
9. No té gaire espai exterior.
10. No té gaires armaris.
11. En aquesta habitació no entra gaire claror.
12. No té gaires endolls.

**3**
1. gaire; 2. gens de; 3. gaire; 4. gaire;
5. gens de; 6. gens d'; 7. gaire

**4**
1. a; 2. b; 3. a; 4. a; 5. b; 6. b; 7. a

## UNITAT 27

**1**

| | pis | casa |
|---|---|---|
| 1. | qualsevol pis | qualsevol casa |
| 2. | | |
| 3. | cada pis | cada casa |
| 4. | un altre pis | una altra casa |
| 5. | | |
| 6. | | |
| 7. | un pis | una casa |
| 8. | l'altre pis | l'altra casa |
| 9. | | |
| 10. | tot el pis | tota la casa |

| pisos | cases |
|---|---|
| diferents pisos | diferents cases |
| | |
| uns altres pisos | unes altres cases |
| diversos pisos | diverses cases |
| cada un dels pisos | cada una de les cases |
| uns pisos | unes cases |
| els altres pisos | les altres cases |
| cadascun dels pisos | cadascuna de les cases |
| tots els pisos | totes les cases |

**2**
1. ab, ba; 2. aa, bb; 3. ab, ba; 4. ab, ba

**3**
1. els altres
2. L'altre dia
3. els altres
4. les altres

5. Un altre dia
6. un altre
7. una altra

**4**
1. Alguna cosa
2. Res
3. Cadascú
4. Tothom
5. Ningú
6. Algú
7. alguna cosa / res

**5**
1. algú; 2. tothom; 3. algun; 4. una altra;
5. cada un; 6. ningú; 7. res; 8. Cadascú

**6**
1. ~~algun~~ algú no pot venir
2. els podeu tornar ~~l'altre~~ un altre dia
3. ~~diverses~~ diversos bancs
4. necessiteu ~~altre~~ un altre formulari
5. si necessiteu saber ~~algú~~ alguna cosa / res més

## UNITAT 28

**1**
1. 1a, 2b; 2. 1a, 2b; 3. 1a, 2b; 4. 1b, 2a

**2**
1. ningú; 2. res; 3. Cap; 4. gens; 5. gens; 6. gens;
7. res; 8. ningú; 9. gens

**3**
1. ~~cap~~ gens de
2. correcta
3. ~~cap~~ ningú
4. ~~ningú~~ cap
5. ~~res~~ gens
6. correcta
7. gens

## UNITAT 29

**1**
1. b; 2. a; 3. a; 4. b; 5. a; 6. b; 7. a

**2**
1. g; 2. f; 3. h; 4. e; 5. d; 6. b; 7. c; 8. j; 9. i

**3**
1. Un de barat o un de car?
2. Un de gran o un de petit?
3. Una de sofisticada o una de senzilla?
4. Un de quatre portes o un de cinc portes?
5. Una de fumador o una de no fumador?
6. Una d'interior o una d'exterior?
7. Un que tingui 8 GB o un que tingui 16 GB?

**4**
1. Unes que siguin elegants.
2. Uns de clars.
3. Aquella que ct vaig regalar.
4. La negra.
5. Els de color rosa.
6. Uns de vermells.
7. A algun de car.
8. Cap de fosca.

Respostes en què s'ha afegit la preposició *de*: 2, 6, 7, 8. Es tracta de casos en què hi ha un article indefinit, un indefinit i un quantitatiu amb un adjectiu.

**5**
1. una verdura cuita i ~~una crua~~: una de crua
2. un panet blanc o ~~un integral~~: un d'integral
3. un formatge fresc o ~~un descremat~~: un de descremat
4. tres pomes verdes i ~~tres vermelles~~: tres de vermelles

## UNITAT 30

**1**
1. menys fred que
2. menys platges que
3. més llengües que
4. menys dialectes que
5. més ciutats de més de 100 000 habitants que
6. més grups religiosos que
7. menys dies de vacances que

**2**
1. En Quico gasta menys diners dels que té.
2. En Quico surt menys del que voldria.
3. En Quico aparenta més anys dels que té.
4. En Quico dorm menys hores de les que són recomanables.
5. La Muriel gasta més del que té.
6. La Muriel beu i menja més del que li ha permès el metge.
7. La Muriel fa més viatges dels que es pot permetre.
8. La Muriel compra més sabates de les que necessita.

**3**
1. més car que
2. més lleuger que
3. més que
4. menys memòria que
5. tan gran com
6. més còmode que
7. tant com
8. menys programes que

**4**
1. tantes; 2. tan; 3. tan; 4. tan; 5. tants; 6. tants;
7. tant

**5**
1. el mateix nombre de llengües que / les mateixes llengües que
2. igual de bé que
3. igual d'amable que
4. igual de motivada que
5. el mateix nombre de programes informàtics que / els mateixos programes informàtics que
6. al mateix nombre d'hotels que / als mateixos hotels que
7. el mateix domini

En les frases 1, 5 i 6, podem usar *el mateix nombre de* per referir-nos a la quantitat de llengües, hores i hotels. També podem usar *les mateixes* o *els mateixos* per indicar que les llengües, els programes informàtics o els hotels són exactament els mateixos (independentment de la quantitat).

**6**
1. pitjor / més malament
2. major
3. millors / més bons
4. major / més gran; menor / més petit
5. pitjor / més dolent
6. inferior
7. exterior, interior
8. anterior

**7**
1. el millor jugador
2. el millor arròs
3. la temperatura màxima, la temperatura mínima
4. la feina més avorrida
5. el nen més alt
6. el pitjor canal

**8**
1. més espai que
2. tants metres quadrats com
3. igual de petita que
4. Com més escales puges, més exercici fas...
5. Com més escales puges menys en vols pujar i més et canses.
6. tanta llum com
7. més llum que / tanta llum com
8. tan bé com / més bé que
9. més pisos veus, menys ganes

## UNITAT 31

**1**
1. On: lloc
2. Quants: quantitat
3. Com: manera
4. Quan: temps
5. Què: acció
6. Quina: cosa
7. Quanta: quantitat
8. Qui: persona

**2**
1. On és la Universitat Politècnica?
2. Quants socis té el Barça?
3. Com celebra el Cap d'Any la gent?
4. Quan fan vacances els estudiants?
5. Què fan els caps de setmana els joves?
6. Quina televisió miren els catalans?
7. Quanta gent viu a Barcelona?
8. Qui és el president de la Generalitat?

**3**
1. qui; 2. Què; 3. Què; 4. Qui; 5. qui; 6. Què; 7. Qui; 8. Què

**4**
1. Què, e; 2. Quina, c; 3. Quin, i; 4. Quin, b; 5. Quins, h; 6. Qui, d; 7. Quines, f; 8. Quina, g

**5**
1. Quina; 2. Qui; 3. Què; 4. Quin; 5. quin; 6. Qui; 7. quins; 8. Quin; 9. Qui; 10. Quina

**6**
1. Quina; 2. Què; 3. Qui; 4. Quin; 5. quins; 6. Quines

## UNITAT 32

**1**
1. Què; 2. com; 3. Per què; 4. Quan; 5. què; 6. On

**2**
1. Quantes, g; 2. Quant, i; 3. Quan, d; 4. Quant, e; 5. Quants, h; 6. Quant, b; 7. Quanta, f; 8. Quants, c

**3**
1. Que, Què; 2. Què, Que; 3. Què, Que; 4. Què, Que; 5. Que, Que; 6. Que, que; 7. Què, Que; 8. que, Que

**4**
1. on / quan; 2. qui; 3. per què; 4. quants; 5. si; 6. quant; 7. si; 8. quin; 9. què; 10. per què; 11. si / quan / com; 12. si; 13. qui; 14. quina; 15. quin

**5**
1. Quants; 2. Quina; 3. Per què; 4. Què; 5. Quan; 6. Qui; 7. Com / On; 8. On / Com; 9. quin; 10. Quant

**6**
1. Quants; 2. On; 3. Quin; 4. Què; 5. qui; 6. Què; 7. quina; 8. Quan; 9. quins; 10. quantes; 11. oi; 12. per què no; 13. Per què; 14. quanta; 15. Que

## UNITAT 33

**1**

| Destacar una qualitat d'una persona o una cosa | Destacar una persona o una cosa |
|---|---|
| 6. Que bonic! 8. Que difícil! | 1. Quina pel·lícula! 5. Quina actriu! 7. Quin cotxe! 9. Quins nens! 11. Quines botigues! |

| Destacar una quantitat | Destacar com es fa una acció |
|---|---|
| 2. Quant fuma! 3. Quanta gent! 10. Quants deutes! | 4. Com parla l'àrab! 12. Com viu aquesta gent! |

**2**
1. Quin; 2. Que; 3. Quina; 4. Que; 5. Quin; 6. Que; 7. Quins; 8. Que; 9. Quins; 10. Quines

**3**
1. Quines; 2. Que; 3. Que; 4. Quina; 5. Que; 6. Quins; 7. Quines; 8. Quin; 9. Quins; 10. Quin

**4**
1. Quantes hores! / Quant temps!
2. Quanta calor!
3. Si que vau caminar!
4. quantes calories!
5. quant temps! / quantes hores!
6. Quants dies! / Quant temps
7. Quantes fotografies!

**5**
1. Quantes; 2. Que; 3. Com; 4. Quina; 5. Quant / Com / Si que; 6. Quins; 7. Quanta / Quina; 8. Quants; 9. Quines; 10. Que; 11. Quant / Com / Si que; 12. Quin

## UNITAT 34

**1**
1. La meva mare; 2. En Pau; 3. jo; 4. El gos; 5. El veterinari; 6. Les plantes; 7. tu

Subjectes elidits: la nena (no va a l'escola) i el gos (ha de fer dieta)

**2**
1. a CD; 2. b CI; 3. a CI; 4. b CD; 5. b CD; 6. a CD; 7. a CD; 8. a CI

**3**
1. e; 2. f; 3. i; 4. c; 5. b; 6. g; 7. h; 8. d

**4**

| Atributs | Altres complements |
|---|---|
| malalts professors molt arrugats infermera pansides enfadat | en un pis de lloguer a l'escola a l'atur |

**5**
1. a; 2. b; 3. a; 4. a; 5. a; 6. b; 7. b

**6**
1. amb bolígraf vermell
2. a la seva habitació
3. a la nit
4. a poc a poc
5. amb la seva dona

## UNITAT 35

**1**
1. tu; 2. vostès; 3. vosaltres; 4. ell; 5. nosaltres; 6. vostè; 7. jo; 8. ella; 9. ells

**2**
1. vosaltres; 2. nosaltres; 3. vostès; 4. nosaltres; 5. vosaltres; 6. nosaltres

**3**
1. a. nosaltres; 2. b. ella; 3. b. ell; 4. b. ells; 5. a. vosaltres; 6. a. nosaltres; 7. a. ella

**4**
1. vosaltres heu / vostès han; 2. vostè ha; 3. vosaltres us; 4. És vostè; 5. Tu saps; 6. vostè / tu; 7. tu

**5**
1. jo rento els plats
2. ~~vostès~~ vosaltres
3. ~~ella~~ vol parlar amb tu
4. ella està malalta
5. amb ~~jo~~ mi
6. vam haver de cuinar sense ~~ella~~

## UNITAT 36

**1**
1. hi faltes
2. La trobaràs
3. Tasta-la
4. regala-li
5. El pots portar
6. els deixa
7. demana'l
8. Truca'ns

**2**
1. hi: a la Costa Daurada
2. la: la teva parella ideal
3. la: la cervesa Art
4. li: a ella / a ell
5. El: el nou Mininet
6. els deixa: els cabells
7. demana'l: el millor rellotge del món
8. truca'ns: a nosaltres

**3**
1. deixar-me; 2. l'has llegit?; 3. heu de rentar-los; 4. Deixeu-ne; 5. el trobo; 6. compra'n; 7. van saludar-nos; 8. t'enfades; 9. porta'l; 10. M'expliques; 11. deixa'ls, 12. prengui's; 13. Em passes

**4**
1. ens haurem d'esperar; 2. ser-hi; 3. M'han enviat; 4. buscar-los; 5. presentar-me; 6. m'anirà; 7. fer-hi; 8. es fan; 9. em demana; 10. li ompli; 11. m'aturo; 12. Em passaria; 13. contemplant-lo; 14. entretenir-me; 15. preparar-me; 16. poder-me; 17. fer-ho; 18. Em presento; 19. s'aixequin; 20. Els obligo; 21. Deixa'm; 22. l'ajudo

**5**
1. a. Et porto; b. t'esperes; c. esperar-te; d. espera't.
2. a. es dutxa; b. s'està; c. dutxant-se; d. esperi's.
3. a. la tanco; b. l'he; c. tancar-la; d. tanca-la.
4. a. els rentes; b. els he; c. renta'ls; d. rentar-los.
5. a. El pots; b. l'has; c. deixar-lo; d. Deixa'l.
6. a. en tenim; b. n'hi ha; c. comprar-ne; d. compra'n.
7. a. us felicito; b. convidar-vos; c. us heu.

**6**
1. Us demanaré g
2. L'has de rentar / Has de rentar-lo, h
3. No les donis, b
4. Ens estàs dient / Estàs dient-nos, e
5. Els pots fer / Pots fer-los, k
6. Fes-li, i
7. ho vam dir / vam dir-ho, j

8. la saps fer / saps fer-la, c
9. en vaig comprar / vaig comprar-ne, f
10. m'expliques, d

## UNITAT 37

**1**
1a. comprar-te; 1b. Et passa; 1c. Pentina't; 1d. t'he vist.
2a. es dutxa; 2b. talli's; 2c. van oblidar-se; 2d. s'afaita.
3a. fer-nos; 3b. Ens agrada; 3c. Explica'ns.
4a. Us vaig donar; 4b. no vol veure-us; 4c. heu de rentar-vos.

**2**
1. m'; 2. t'; 3. et; 4. us; 5. ens; 6. -vos; 7. em; 8. -te; 9. -me; 10. 'm; 11. ens; 12. -nos; 13. 'ns / 'm

**3**
1. g, j; 2. c, k; 3. b, f; 4. e, l; 5. d, i; 6. h, m

Reflexives: a, e, f, g, h, i, j, k, l, m
Recíproques: b, c, d

**4**
1. em; 2. es; 3. -me; 4. em; 5. ens; 6. s'; 7. ens; 8. em; 9. es; 10. s'

**5**
1. b; 2. b; 3. b; 4. b; 5. b; 6. a; 7. a

## UNITAT 38

**1**
1. la portes, l'has d'acompanyar, vigila-la: e
2. el portis, deixa'l, has de portar-lo, l'has de lligar: d
3. Has de regar-les, les has de protegir: c
4. no els perdis de vista, has d'ensenyar-los, deixa'ls: b
5. llençar-lo, compra'l, l'has d'aprofitar, no el toqui: f

**2**
1. les fem servir: l
2. l'utilitzes: k
3. li expliques: g
4. trobar-lo: i
5. el posem: f
6. l'estimes: e
7. els necessites: j
8. li demanes, h
9. tenir-lo: d
10. els expliquen: c
11. els agrada: b

**3**
1. a. els; b. les; c. els
2. a. li; b. l'; c. li
3. a. -les; b. -los; c. -los

Pronoms que fan de CI: 1a, 1c, 2a, 2c, 3b

**4**
1. el; 2. li; 3. la; 4. els; 5. 'l; 6. -les; 7. li; 8. l'; 9. -los

**5**
1. t'agraden les pel·lícules de terror?
2. li cauen bé els seus veïns.
3. ens ve de gust anar al cine.
4. us fa mal l'ungla del dit gros del peu?
5. els agraden els esports d'aventura.
6. em cau bé el nou director.
7. t'interessa comprar-me el cotxe?
8. els dol el mal resultat del seu equip.
9. li vénen de gust els embotits.
10. ens interessen els problemes dels altres.

**6**
1. li; 2. li; 3. li; 4. els; 5. els; 6. els; 7. m'; 8. ens; 9. et; 10. t'

## UNITAT 39

**1**
1. 'n; 2. en; 3. -ne; 4. n'; 5. -ne; 6. en

**2**
1. b; 2. b; 3. a; 4. b; 5. a; 6. b; 7. a; 8. b

**3**
1. Hi ha; 2. n'hi ha, Ø; 3. hi ha, n'hi ha; 4. Ø; 5. en; 6. en; 7. Ø, hi ha

**4**
1. en tinc de fresc
2. n'hem fet moltes
3. en té una de vella
4. en porta una mica
5. En té tres de petites.
6. n'he fet uns quants
7. en tinc un de nou
8. En tinc dues: una de verda i una de vermella.

**5**
1. en; 2. Ø; 3. N'; 4. Ø; 5. n'; 6. -ne; 7. en; 8. Ø; 9. n'

**6**
1. en; 2. les; 3. els; 4. en; 5. l'; 6. En; 7. els; 8. n'; 9. en; 10. En; 11. la

## UNITAT 40

**1**
1. A; 2. B; 3. A; 4. B; 5. B; 6. A; 7. B; 8. B

**2**
1. -ho; 2. el; 3. el; 4. ho; 5. Ho; 6. ho; 7. l'; 8. ho; 9. ho; 10. ho; 11. ho

**3**
1. els; 2. ho; 3. la; 4. ho; 5. ho; 6. l'; 7. -les; 8. -ho; 9. ho; 10. la; 11. Ho; 12. El

**4**
1. instal·lar-~~ho~~: instal·lar-lo
2. volem inaugurar-~~ho~~: volem inaugurar-lo
3. ~~el~~ sentim: ho sentim
4. ~~ho~~ que: el que

## UNITAT 41

**1**
1. Ø, En; 2. Ø, Hi; 3. Ø; 4. Ø, Ø, hi; 5. Ø, Hi, Ø; 6. hi

**2**

1. Hi anem del 15 al 30 d'agost.
2. Jo hi estic de l'1 al 15 d'agost.
3. Hi entrarem pel nord i en sortirem pel sud.
4. Aquest any hi volem pujar una altra vegada.
5. En tornem el 14 de setembre.
6. Hi navegarem amb una barca per a sis persones.

**3**

1. amb, hi; 2. de, en; 3. a, hi; 4. en, hi; 5. de, en;
6. a, hi; 7. per, hi; 8. a, hi; 9. en, hi; 10. de, en

Preposicions relacionades amb el pronom *hi*:
amb, a, en, per. Preposició relacionada amb el
pronom *en*: de.

**4**

1. a. c.; 2. a. b.; 3. b. c.; 4. a. b.; 5. a. b.; 6. a. c.;
7. b. c.; 8. a. b.

**5**

|  | Complement circumstancial de lloc |
|---|---|
| 1. Hi vaig sovint | al cine |
| 2. Hi estudio | a casa meva |
| 3. Hi porto flors | a l'església, al cotxe |
| 4. En sortim tard |  |
| 5. Ja no hi treballes? | al supermercat |
| 6. En treu un tresor |  |
| 7. Hi deixem el cotxe | al carrer, davant de casa seva |
| 8. Hi escriu cartes d'amor | al lavabo |

| Complement circumstancial de lloc que expressa procedència | Complement circumstancial de manera, instrument o companyia |
|---|---|
|  | amb metro |
|  | amb els meus amics |
| de l'escola, del cine |  |
|  | amb l'Oriol |
| del fons del mar, del seu jardí |  |
|  | amb bolígraf vermell |

**6**

1. Hi; 2. En; 3. hi; 4. Hi  5. En; 6. Hi; 7. hi; 8. Hi; 9. En

**7**

1. hi; 2. els hi; 3. me'n; 4. ens en; 5. m'hi;
6. els hi; 7. ens en; 8. s'hi

## UNITAT 42

**1**

1. te'l regalo, te l'has de llegir
2. te'l vol ensenyar, te l'ensenya
3. se les deixa
4. acompanyar-m'hi
5. Ens l'ha regalada
6. Vaig posar-me-les, me les puc posar
7. Us l'heu menjat
8. Me'ls expliquis
9. Envia-me'l
10. Explica'ns-ho

**2**

|  | jo |
|---|---|
| el vestit nou | me'l poso<br>me'l vaig posar<br>vaig posar-me'l<br>me l'he posat |
| la jaqueta | me la poso<br>me la vaig posar<br>vaig posar-me-la<br>me l'he posat |
| els texans | me'ls poso<br>me'ls vaig posar<br>vaig posar-me'ls<br>me'ls he posat |
| les sabates | me les poso<br>me les vaig posar<br>vaig posar-me-les<br>me les he posat |
| mitjons | me'n poso<br>me'n vaig posar<br>vaig posar-me'n<br>me n'he posat |
| el que hi ha a l'armari | m'ho poso<br>m'ho vaig posar<br>vaig posar-m'ho<br>m'ho he posat |

| tu | ell o ella |
|---|---|
| te'l poses<br>te'l vas posar<br>vas posar-te'l<br>te l'has posat | se'l posa<br>se'l va posar<br>va posar-se'l<br>se l'ha posat |
| te la poses<br>te la vas posar<br>vas posar-te-la<br>te l'has posat | se la posa<br>se la va posar<br>va posar-se-la<br>se l'ha posat |
| te'ls poses<br>te'ls vas posar<br>vas posar-te'ls<br>te'ls has posat | se'ls posa<br>se'ls va posar<br>va posar-se'ls<br>se'ls ha posat |
| te les poses<br>te les vas posar<br>vas posar-te-les<br>te les has posat | se les posa<br>se les va posar<br>va posar-se-les<br>se les ha posat |
| te'n poses<br>te'n vas posar<br>vas posar-te'n<br>te n'has posat | se'n posa<br>se'n va posar<br>va posar-se'n<br>se n'ha posat |
| t'ho poses<br>t'ho vas posar<br>vas posar-t'ho<br>t'ho has posat | s'ho posa<br>s'ho va posar<br>va posar-s'ho<br>s'ho ha posat |

**3**

|  | nosaltres |
|---|---|
| el vestit nou | ens el posem<br>ens el vam posar<br>vam posar-nos-el<br>ens l'hem posat<br>posa'ns-el |
| la jaqueta | ens la posem<br>ens la vam posar<br>vam posar-nos-la<br>ens l'hem posat<br>posa'ns-la |
| els texans | ens els posem<br>ens els vam posar<br>vam posar-nos-els<br>ens els hem posat<br>posa'ns-els |
| les sabates | ens les posem<br>ens les vam posar<br>vam posar-nos-les<br>ens les hem posat<br>posa'ns-les |
| mitjons | ens en posem<br>ens en vam posar<br>vam posar-nos-en<br>ens n'hem posat<br>posa'ns-en |
| el que hi ha a l'armari | ens ho posem<br>ens ho vam posar<br>vam posar-nos-ho<br>ens ho hem posat<br>posa'ns-ho |

|  | vosaltres |
|---|---|
|  | us el poseu<br>us el vau posar<br>vau posar-vos-el<br>us l'heu posat |
|  | us la poseu<br>us la vau posar<br>vau posar-vos-la<br>us l'heu posat |
|  | us els poseu<br>us els vau posar<br>vau posar-vos-els<br>us els heu posat |
|  | us les poseu<br>us les vau posar<br>vau posar-vos-les<br>us les heu posat |
|  | us en poseu<br>us en vau posar<br>vau posar-vos-en<br>us n'heu posat |
|  | us ho poseu<br>us ho vau posar<br>vau posar-vos-ho<br>us ho heu posat |

**4**

1. Me'l vaig oblidar / Vaig oblidar-me'l
2. me les pot deixar / pot deixar-me-les
3. Us les enviarem
4. ens els podeu enviar / podeu enviar-nos-els
5. se'ls va deixar / va deixar-se'ls
6. se les vol quedar / vol quedar-se-les
7. me l'he deixat

8. te'l puc cuidar / puc cuidar-te'l
9. us hi voleu apuntar / voleu apuntar-vos-hi
10. te la perdis
11. us en puc donar / puc donar-vos-en

**5**
1. els hi
2. li n'
3. l'hi
4. els hi
5. els hi
6. l'hi

**6**
1. l'hi; 2. els hi; 3. l'hi; 4. els hi; 5. els hi;
6. l'hi; 7. l'hi

**7**
1. a. Me'n, b. Ø
2. a. Ø, b. us en
3. a. Ø, b. t'ho
4. a. Ø, b. t'hi

## UNITAT 43

**1**
1. antecedent: un gat persa; informació: només juga amb els gossos
2. antecedent: El cotxe; informació: està aparcat davant del banc
3. antecedent: un animal; informació: viu a les muntanyes altes
4. antecedent: el llibre; informació: et vaig deixar el mes passat
5. antecedent: L'estiu; informació: ens vam conèixer
6. antecedent: dos amics meus; informació: viuen a l'Argentina
7. antecedent: el noi; informació: ens està saludant
8. antecedent: Les ostres; informació: vam menjar ahir

**2**
1. que; 2. el que; 3. el que; 4. que; 5. el que;
6. el que; 7. aquella que

**3**
1. que; 2. que; 3. que; 4. qui; 5. que; 6. qui; 7. que

**4**
1. que; 2. que; 3. on; 4. Qui; 5. on; 6. els que; 7. que;
8. les que; 9. qui; 10. que; 11. amb qui

## UNITAT 44

**1**
1. beure tres copes de vi blanc
2. escoltar la cinquena simfonia
3. saludar la parella / els veïns
4. escriure novel·les policíaques
5. obrir la porta del cotxe
6. llegir novel·les policíaques / el full de paper / el diari
7. estudiar els verbs irregulars
8. estimar la parella / els veïns
9. doblegar el full de paper
10. engegar el cotxe

**2**
1. córrer: intransitiu
2. apagar l'ordinador
3. aixecar el braç
4. plorar: intransitiu
5. riure: intransitiu
6. omplir la sol·licitud
7. rentar la roba
8. passejar: intransitiu
9. penjar un quadre

**3**
1. regalar un llibre i una rosa a la parella
2. explicar el subjuntiu als alumnes
3. dir la veritat al jutge
4. ensenyar el passaport a l'agent
5. enviar postals als amics i familiars
6. demanar un dia de festa al cap

**4**

| [Subjecte] [Verb] [CD] |
|---|
| Llegeix *manga*. |
| Parla japonès. |
| Té molts amics japonesos. |
| Organitza festes japoneses a casa seva. |

| [CI] [Verb] [Subjecte] |
|---|
| Li interessen els canvis de govern del Japó. |
| Li encanta el peix cru. |
| Li agraden molt els rams de flors artístics. |

En la segona columna la Maria no és el subjecte del verb.

**5**
1. a; 2. b; 3. a; 4. a; 5. a; 6. b

**6**
1. b; 2. a; 3. a; 4. b; 5. a; 6. b; 7. a; 8. b

**7**
1. A què es refereix?
2. De què va?
3. se centra en
4. consta de
5. parlar una mica sobre / de
6. em vaig casar amb
7. em vaig divorciar de

**8**
1. fa calor; 2. fa fred; 3. plou; 4. neva; 5. Hi ha;
6. cal

## UNITAT 45

**1**

| Formes personals | |
|---|---|
| jo | estudio |
| tu | corres |
| ell, ella, vostè | menja |
| nosaltres | esmorzem |
| vosaltres | dividiu |
| ells, elles, vostès | saben |

| Formes no personals | | |
|---|---|---|
| Infinitiu | Gerundi | Participi |
| estudiar | estudiant | estudiat |
| perdre | perdent | perdut |
| dividir | dividint | dividit |
| saber | sabent | sabut |

**2**
1. dibuixar; 2. caure; 3. poder; 4. caminar;
5. robar; 6. partir; 7. perdre; 8. obrir; 9. córrer;
10. llegir; 11. encendre; 12. seure

**3**
1. arrib-o; 2. arrib-eu; 3. estudi-a; 4. dorm-im;
5. envi-em; 6. perd-o; 7. part-im; 8. dorm-o;
9. vol-em; 10. arrib-àveu; 11. vol-ia; 12. dorm-ien;
13. perd-éveu; 14. perd-Ø; 15. envi-eu; 16. obr-es;
17. part-iu; 18. estudi-ava; 19. obr-íeu

**4**
1. ells / elles / vostès
2. tu
3. ells / elles / vostès
4. nosaltres
5. vosaltres
6. tu
7. jo
8. vosaltres
9. nosaltres

**5**

| en Pere i jo | vosaltres | la Lola i en Paco |
|---|---|---|
| Lleg<u>im</u> còmics. | Parl<u>eu</u> molt bé l'anglès.<br><br>Escolt<u>eu</u> música a la nit.<br><br>Ten<u>iu</u> molts amics. | Fum<u>en</u> molt.<br><br>Mir<u>en</u> la tele cada dia. |

| jo | en Xavier | tu |
|---|---|---|
| No bere<u>no</u>.<br><br>Em dutx<u>o</u> al vespre.<br><br>No em connect<u>o</u> a internet. | Estudi<u>a</u> basc als vespres. | Fa<u>s</u> cada dia la migdiada.<br><br>No fum<u>es</u>.<br><br>Passeg<u>es</u> amb el teu gos. |

**6**
1. I; 2. R; 3. R; 4. I; 5. I; 6. I; 7. I; 8. R; 9. I; 10. I;
11. I; 12. R

## UNITAT 46

**1**
1. fumar; 2. escoltar; 3. canviar; 4. treure;
5. menjar, beure; 6. portar; 7. pujar; 8. parlar;
9. baixar

## 2

1. escrivint (irregular)
2. redactant
3. creient (irregular)
4. encenent (irregular)
5. dient (irregular)
6. resolent (irregular)
7. vivint (irregular)
8. corrent
9. sabent
10. aprenent (irregular)
11. llegint
12. imprimint
13. veient (irregular)
14. bevent (irregular)

## 3

1. engegant, prement
2. demanant, portant
3. ajudant, sent
4. saludant, atenent
5. vestint, fent

## 4

1. Pujant a mà esquerra.
2. Baixant a la dreta.
3. Baixant a l'esquerra.
4. Entrant a mà esquerra.
5. Sortint a mà dreta.

## 5

| -at | -ut | -it | Irregular |
|---|---|---|---|
| comprat | perdut | sortit | calgut |
| entrat | sabut | patit | venut |
| aixecat | | llegit | après |
| plorat | | | assegut |
| | | | rigut |
| | | | omplert |
| | | | escrit |
| | | | vist |
| | | | mort |

## 6

1. llibres desordenats
2. tele encesa
3. tele apagada
4. papers arrugats
5. documents impresos
6. finestra oberta
7. finestra tancada
8. sol·licitud omplerta
9. gos perdut

## UNITAT 47

## 1

1. llev-a: ell, ella, vostè
2. rent-a: ell, ella, vostè
3. mir-o: jo
4. dutx-en: ells, elles, vostès
5. esmorz-eu: vosaltres
6. mir-eu: vosaltres; escolt-eu, vosaltres
7. agaf-em: nosaltres
8. surt-s: tu
9. arrib-em: nosaltres
10. entr-o: jo

11. observ-es: tu
12. arrib-eu: vosaltres

## 2

1. aparcar: aparco, aparques, aparca
2. engegar: engego, engegues, engega
3. començar: comencem, comenceu, comencen
4. bloquejar: bloquejo, bloqueges, bloqueja
5. netejar: netegem, netegeu, netegen
6. obligar: obligo, obligues, obliga
7. adreçar-se: m'adreço, t'adreces, s'adreça
8. educar: eduquem, eduqueu, eduquen
9. barrejar: barregem, barregeu, barregen

## 3

1. dirigen: dirigeixen
2. llegeixe: llegeix
3. parten: parteixen
4. assisto: assisteixo
5. serveixiu: serviu
6. es diverten: es diverteixen
7. condues: condueixes

## 4

1. avorreixes, diverteixes
2. vesteixes
3. pateixes
4. condueixes
5. corregeixes
6. discuteixes
7. atreveixes
8. entristeixes
9. prescindeixes

## 5

1. juga, mira
2. prepara, xateja
3. passegen, practiquen
4. dormim, repassem
5. practiques, converses
6. llegeix, neteja
7. llegiu, netegeu
8. juguen, marquen
9. obren, tanquen
10. fregues, neteges
11. treballem, parlem
12. us quedeu, descanseu

## 6

1. aprenc; 2. prenc; 3. escric; 4. dic; 5. crec;
6. moc; 7. ric; 8. sóc

## 7

1. aprenem; 2. prenem; 3. escrivim; 4. diem;
5. creiem; 6. movem; 7. riem; 8. som

## 8

1. vinc, tinc: sí
2. aprenc, prenc: sí
3. sóc, sé: no
4. sec, veig: no
5. bec, crec: sí
6. temo, corro: sí
7. dic, duc: sí
8. neixo, creixo: sí
9. faig, veig: sí
10. escric, sec: sí
11. entenc, visc: no

12. perdo, rebo: sí
13. vaig, faig: sí

## 9

1. estàs, estic, esteu, estem
2. creus, crec, creieu, creiem
3. rius, ric, rieu, riem
4. fas, faig, vaig, feu, anem
5. vols, vull, voleu, volem
6. véns, vinc, veniu, venim

## 10

1. està, estan
2. creu, creuen
3. riu, riuen
4. fa, fan
5. vol, volen
6. ve, vénen

## UNITAT 48

## 1

1. B; 2. C; 3. A; 4. B; 5. E; 6. B; 7. A; 8. D; 9. C;
10. D; 11. C; 12. C

## 2

1. preparo; 2. fas; 3. vols; 4. disparo; 5. porto;
6. fas; 7. tries; 8. engego

## 3

1. Passat; 2. Futur; 3. Futur; 4. Passat; 5. Passat;
6. Passat; 7. Passat; 8. Passat; 9. Futur; 10. Passat

## 4

1. tenim; 2. és; 3. estem; 4. tenim; 5. és;
6. Ens llevem; 7. esmorzem; 8. anem; 9. tornem;
10. fem; 11. va; 12. compra; 13. mengem; 14. tenim;
15. fa; 16. em quedo; 17. llegeixo; 18. juga; 19. surt;
20. pinta; 21. és; 22. tornem; 23. treballo; 24. és;
25. pots; 26. estimo; 27. necessiten

## UNITAT 49

## 1

1. jo; 2. ells; 3. ells; 4. la família; 5. la família;
6. vosaltres; 7. nosaltres; 8. elles; 9. elles;
10. trobar feina; 11. tu; 12. jo; 13. la feina

## 2

1. Va començar; 2. va despertar; 3. va mirar;
4. Es va aixecar; 5. es va vestir; 6. va sortir;
7. Va arribar; 8. va cridar; 9. va demanar;
10. va anar; 11. va demanar; 12. el va escoltar;
13. va donar; 14. van anar

## 3

1. Vaig néixer...
2. Em vaig quedar...
3. vam viatjar...
4. No hi ha cap error.
5. No hi ha cap error.
6. Vaig anar...
7. van fer-ho...

## 4

1. ells, elles, vostès; 2. jo; 3. nosaltres; 4. jo;
5. vosaltres; 6. ells, elles, vostès; 7. nosaltres;
8. jo; 9. tu; 10. nosaltres

**5**

1. Ha cregut; 2. Ha encès; 3. Ha venut;
4. Ha obert; 5. Ha imprès; 6. Ha vist;
7. Ha escrit; 8. Ha volgut; 9. Ha estat;
10. Ha tret

**6**

1. ~~vaig anar~~: he anat
2. ~~vaig fer~~: he fet
8. ~~vaig anar~~: he anat
9. ~~vaig trobar~~: n'he trobat

**7**

1. s'ha trencat
2. s'ha trobat
3. s'ha separat
4. ha tocat, ha marxat
5. han tingut
6. han donat
7. han anat, s'han posat, s'han cremat
8. ha tingut
9. han rebut

**8**

1. a; 2. a; 3. c; 4. a; 5. a; 6. c; 7. c; 8. a

**9**

1. b, a; 2. a, b; 3. a, b; 4. b, a; 5. a, b; 6. b, a

## UNITAT 50

**1**

1. ballava
2. renovaves
3. estudiàvem
4. somiaven
5. arribàveu
6. copiava
7. robava
8. volíem
9. estudiava
10. trobava
11. miraven

**2**

1a ara; 1b abans; 2a abans; 2b ara; 3a ara;
3b abans; 4a abans; 4b ara; 5a abans;
5b ara; 6a abans; 6b ara; 7a abans; 7b ara

**3**

|  | escriure | caure |
|---|---|---|
| jo | escrivia | queia |
| tu | escrivies | queies |
| ell, ella, vostè | escrivia | queia |
| nosaltres | escrivíem | quèiem |
| vosaltres | escrivíeu | quèieu |
| ells, elles, vostès | escrivien | queien |

| riure | ser | aprendre |
|---|---|---|
| reia | era | aprenia |
| reies | eres | aprenies |
| reia | era | aprenia |
| rèiem | érem | apreníem |
| rèieu | éreu | apreníeu |
| reien | eren | aprenien |

| dir | fer | resoldre | viure |
|---|---|---|---|
| deia | feia | resolia | vivia |
| deies | feies | resolies | vivies |
| deia | feia | resolia | vivia |
| dèiem | fèiem | resolíem | vivíem |
| dèieu | fèieu | resolíeu | vivíeu |
| deien | feien | resolien | vivien |

**4**

1. es feien; 2. parlava; 3. miraven; 4. tocava;
5. treia; 6. movien; 7. prenia; 8. era

**5**

1. treballaven
2. Xategem
3. treballaven
4. Escrivim
5. estaven
6. Mirem
7. Hi havia
8. era
9. Podíem
10. portava

**6**

1. hi ha; 2. tenia; 3. té; 4. hi havia; 5. té;
6. dedicava; 7. es dediquen

## UNITAT 51

**1**

1a: dibuix 1; 1b: dibuix 2; 2a: dibuix 2;
2b: dibuix 1; 3a: dibuix 2; 3b: dibuix 1;
4a: dibuix 1; 4b: dibuix 2; 5a: dibuix 1;
5b: dibuix 2; 6a: dibuix 1; 6b: dibuix 2;
7a: dibuix 1; 7b: dibuix 2

**2**

1. hi havia; 2. estava; 3. Es va acostar;
4. Es va obrir; 5. Es va treure; 6. Era; 7. Buscava;
8. Vaig tenir

**3**

Història 1
1. Érem; 2. prenia; 3. dormia; 4. vam sentir;
5. Va començar; 6. va córrer; 7. eren;
8. ens vam quedar; 9. ens vam mullar

Història 2
10. anava; 11. m'esperava; 12. ha arribat;
13. ha empès; 14. He xocat; 15. ha insultat;
16. he baixat; 17. Era; 18. tornava; 19. tenia;
20. Feia; 21. s'ha disculpat; 22. hem anat

**4**

1. va fer; 2. teníeu; 3. travessàvem, ha esquitxat;
4. mirava; 5. anàvem; 6. dormia; 7. va veure;
8. vaig adonar-me; 9. éreu

**5**

1. vam fer, vam menjar
2. vam anar / anàvem
3. vam anar / anàvem
4. vam trobar-nos, Vam ballar
5. va cantar / cantava, va beure / bevia
6. vam anar / anàvem

**6**

1. deien; 2. duia; 3. vivia; 4. estava;
5. va demanar; 6. va dir; 7. va marxar;
8. va passar; 9. caminava; 10. va sentir;
11. va tornar; 12. va plantar;
13. va demanar; 14. anava; 15. va dir;
16. anava; 17. era; 18. es va afanyar;
19. va menjar; 20. va arribar;
21. va veure; 22. va menjar; 23. passava;
24. Va sentir; 25. va entrar; 26. va obrir;
27. van salvar

**7**

1. Hem agafat; 2. hem anat; 3. era;
4. hem anat; 5. ha baixat; 6. hem pogut;
7. Hem arribat; 8. hem baixat / baixàvem;
9. feia; 10. portàvem / hem portat;
11. Hem començat; 12. estàvem;
13. hi havia; 14. anàvem; 15. pujàvem;
16. sentíem / hem sentit; 17. deia; 18. estava;
19. deia; 20. volia; 21. era / ha estat;
22. hem acostumat; 23. hem fet

## UNITAT 52

**1**

1. havia marxat
2. havien obert, havien fet
5. havien trucat
6. havia encès, havia enviat
7. havíem anat
8. havíeu repassat

**2**

1. havien construït
2. Havien marxat
3. S'havien acabat
4. s'havia recordat
5. havia canviat
6. havia llegit
7. havien obert

**3**

1. b. havies estat
2. a. havies jugat
3. f. havies sentit
4. e. havies llegit
5. d. havies begut

**4**

1. Havia sortit
2. Vaig anar, vaig tornar
3. Vaig estar
4. havien rebut
5. havien marxat
6. havia comprat
7. havien rebut
8. van contestar
9. havíem considerat (passat llunyà
   i incert) / vam considerar

## UNITAT 53

**1**

1. sortirem; 2. escriuré; 3. aprendreu;
4. sorprendrem; 5. partireu; 6. aprendré;
7. dibuixarà; 8. viuré; 9. esmorzareu;
10. beuré

## 2

1. s̶a̶b̶e̶r̶é̶: sabré
2. correcte
3. f̶e̶r̶a̶n̶: faran
4. t̶e̶n̶d̶r̶é̶: tindré
5. correcte
6. a̶n̶a̶r̶é̶: aniré
7. correcte
8. t̶r̶e̶u̶r̶é̶: trauré
9. correcte
10. a̶n̶a̶r̶a̶n̶: aniran

## 3

1. Arribareu; 2. rebrà; 3. anireu;
4. Podreu; 5. anireu; 6. visitareu;
7. dinareu; 8. tindreu; 9. tornareu; 10. serà

## 4

1. Promesa de futur: a; fet planificat: b
2. Promesa de futur: b; fet planificat: a
3. Promesa de futur: a; fet planificat: b
4. Promesa de futur: b; fet planificat: a
5. Promesa de futur: a; fet planificat: b

En el cas dels fets planificats, també podríem usar una forma de present.

## 5

1. fet, nosaltres
2. millorat, tu
3. escoltat, vosaltres
4. escrit, ells / elles / vostès
5. conegut, jo
6. preparat, ell / ella / vostè
7. entès, nosaltres

## 6

1. ab, ba; 2. aa, bb; 3. aa, bb; 4. aa, bb; 5. ab, ba;
6. aa, bb

## UNITAT 54

## 1

1. jo saltaria
2. tu dormiries
3. nosaltres beuríem
4. vosaltres aprendríeu
5. vosaltres prendríeu
6. ella aprendria
7. ells obririen
8. vostè dormiria
9. jo perdria
10. m'agradaria

Condicional i imperfet: 2, 4, 6, 7, 9
Condicional i futur: 1, 3, 5, 8, 10

## 2

1. s̶a̶b̶e̶r̶i̶a̶: sabria
2. correcte
3. f̶e̶r̶i̶a̶: faria
4. t̶e̶n̶d̶r̶i̶a̶: tindria
5. correcte
6. h̶a̶v̶r̶i̶e̶s̶: hauries
7. t̶r̶e̶u̶r̶i̶a̶: trauria
8. v̶e̶n̶d̶r̶i̶a̶: vindria
9. correcte
10. c̶o̶r̶r̶e̶r̶i̶e̶u̶: correríeu

## 3

1. encantaria
2. Voldríem
3. Desitjaríem
4. agradaria
5. interessaria
6. Voldríem

## 4

1. Miraria / Miraríem
2. Faríem / Faria
3. Corregiria
4. Llegiria / Llegiríem
5. Aniria / Aniríem
6. Cantaria / Cantaríem
7. Organitzaria / Organitzaríem
8. Utilitzaria / Utilitzaríem
9. Formaria / Formaríem

## 5

1g. apuntaria, aniria
2d. organitzaria, reservaria
3a. Sortiria, dormiria
4c. Escoltaria, pensaria
5h. faria, prendria
6f. matricularia, trauria
7e. faria

## 6

1. Voldria
2. interessaria
3. Podria / Podries
4. Seria
5. Hi hauria
6. donaria / donaries

## 7

1. hauríeu dit
2. haurien pensat
3. haurien decidit
4. hauria suggerit
5. haurien pres
6. hauries proposat
7. haurien pensat

## 8

1. Jo no hauria agafat diners de la caixa.
2. Jo no hauria begut cinc combinats.
3. Jo no hauria viatjat sol a l'Índia.
4. Jo no m'hauria fumat un porro.
5. Jo no hauria deixat la pizza al forn.
6. Jo no hauria marxat de vacances.
7. Jo no hauria deixat el meu gat sol.

## 9

1. a; 2. a; 3. a; 4. b; 5. a; 6. b

## UNITAT 55

## 1

1. dorm-im; 2. perd-em; 3. corr-in; 4. llegeix-i;
5. afeg-im; 6. cuin-is; 7. mir-eu; 8. llegeix-in;
9. pos-i; 10. escalf-em; 11. obr-i; 12. escolt-em;
13. reuneix-i; 14. beren-is; 15. corr-eu

## 2

1. S; 2. I; 3. I S; 4. S; 5. I S; 6. S; 7. I S; 8. S; 9. S;
10. S

## 3

|  | jugar | buscar |
|---|---|---|
| jo | jugui | busqui |
| tu | juguis | busquis |
| ell / ella / vostè | jugui | busqui |
| nosaltres | juguem | busquem |
| vosaltres | jugueu | busqueu |
| ells / elles / vostès | juguin | busquin |

| obligar | desplaçar |
|---|---|
| obligui | desplaci |
| obliguis | desplacis |
| obligui | desplaci |
| obliguem | desplacem |
| obligueu | desplaceu |
| obliguin | desplacin |

## 4

1. estiguis; 2. aprengui; 3. begui; 4. creguem;
5. pugueu; 6. vingui; 7. prenguem; 8. coneguis;
9. moguis; 10. tingueu

## 5

1. sigui; 2. sàpigues; 3. anem; 4. càpigues;
5. hi hagi; 6. vegi; 7. fem; 8. sapiguem;
9. siguin; 10. faci; 11. siguis; 12. visqui;
13. vulguis; 14. feu; 15. visqui

## 6

1. diguis; 2. agradin; 3. correcte; 4. vulguis;
5. correcte; 6. correcte; 7. truquin;
8. correcte; 9. estiguem; 10. correcte;
11. correcte; 12. sapiguem

## UNITAT 56

## 1

1. a. vas; b. vagis
2. a. cobrin; b. cobren
3. a. aprenguis; b. has
4. a. t'agradi; b. T'agrada
5. a. tingui; b. tindré
6. a. millori; b. millora

## 2

1. Tinc ganes que (nosaltres) augmentem els beneficis de l'empresa.
2. Suggereixo que (nosaltres) fem reunions curtes però efectives.
3. Confio que (nosaltres) treballem junts molt temps.
4. (Els) Aconsello que (vostès) vinguin a veure'm si hi ha algun problema.
5. Prefereixo que (vostès) siguin directes amb mi.
6. Espero que (nosaltres) siguem millors que els competidors.
7. Cal que (vostès) hi posin el seu gra de sorra.

## 3

1. a. Tant de bo treguin bones notes...
2. h. Tant de bo conegui algú interessant...
3. d. Tant de bo no es mori.
4. g. Tant de bo vingui a viure amb mi...
5. f. Tant de bo aconsegueixi un crèdit...
6. b. Tant de bo trobem un pis...
7. e. Tant de bo pugui treballar...

**4**

1. Volem que els directius comuniquin els canvis d'horari amb vint-i-quatre hores d'antelació.
2. Cal que l'empresa compleixi les normes d'higiene a la feina.
3. Demanem que no acomiadin les persones més grans.
4. L'Estatut del treballador obliga que hi hagi seguretat al lloc de treball.
5. La llei prohibeix que els menors de setze anys treballin.
6. Exigim que hi hagi calefacció als tallers a l'hivern.
7. Volem que els sous augmentin.

**5**

1. Vol que apugi la calefacció?
2. Vol que mirem juntes el telenotícies?
3. Vol que li llegeixi un capítol de la novel·la que vam començar?
4. Vol que avisi una infermera?
5. Vol que vagi / anem a comprar un regal per a ella?

**6**

1. Em recomaneu dur paraigua? / Em recomaneu que dugui paraigua?
2. Confio que el meu gos arribi al cim.
3. Suggereixo que algú porti berenar.
4. Dubteu que sigui el primer d'arribar al cim?
5. M'agrada sortir a la muntanya els caps de setmana.
6. M'agrada que hi hagi gent diferent en l'excursió.
7. Us suggereixo portar botes impermeables. / Us suggereixo que porteu botes impermeables.
8. Em molesta que la gent llenci brossa a la muntanya.

**7**

1. es quedin
2. facin servir
3. es quedin
4. poso / posem
5. rento / rentem
6. agafi / agafem
7. portin, toquin

**8**

Positius: entusiasmar, no molestar, encantar
Negatius: molestar, no agradar, saber greu, empipar

Cal triar un verb diferent per a cada frase:
1. Em molesta / No m'agrada / Em sap greu / M'empipa que es mengi les ungles.
2. M'entusiasma / No em molesta / M'encanta que faci esport cada dia.
3. Em molesta / No m'agrada / Em sap greu / M'empipa que fumi.
4. Em molesta / No m'agrada / Em sap greu / M'empipa que porti els cabells greixosos.
5. M'entusiasma / No em molesta / M'encanta que sàpiga cuinar bé.
6. Em molesta / No m'agrada / Em sap greu / M'empipa que parli amb la boca plena.
7. Em molesta / No m'agrada / Em sap greu / M'empipa que tingui poca paciència.

8. M'entusiasma / No em molesta / M'encanta que enviï missatges romàntics per mòbil.

**9**

1. desapareguin
2. sopin
3. tregui
4. es queixi
5. es facin
6. consumeixi
7. sigui
8. dissenyin

**10**

1. assessori / assessorin; 2. trobar; 3. És; 4. posi; 5. faci constar; 6. detalli; 7. mencioni; 8. fem; 9. es preocupi; 10. Tinc; 11. digui; 12. destaqui; 13. exigeixen; 14. sàpiguen; 15. tinguin; 16. faci; 17. afegir; 18. pateixi; 19. Sóc; 20. visc; 21. vagi; 22. veiem

## UNITAT 57

**1**

1. sigui
2. interessa
3. trucaran
4. puc
5. és
6. estan
7. sigui
8. agrada / agradarà

**2**

1. No és evident que tingui…
2. Potser no trobaré…
3. No estic convençuda que la meva situació millori.
4. Segurament no cobraré…
5. No és veritat que sigui…
6. Probablement no tindré…

**3**

1. a. roba; b. robi / roba
2. a. tenen; b. tinguin / tenen
3. a. fa; b. faci / fa
4. a. hi ha; b. hi hagi / hi ha
5. a. passen; b. passin / passen
6. a. cal; b. calgui / cal

**4**

1. ajudi, estigui
2. tingui
3. té
4. hem
5. agrada, pensa
6. estigui
7. es lleva, ha, té
8. estigui, vulgui
9. sigui

**5**

1. aa, bb; 2. aa, bb; 3. ab, ba; 4. ab, ba; 5. ab, ba

## UNITAT 58

**1**

1. b; 2. a; 3. b; 4. a; 5. b; 6. a; 7. a

**2**

1. tingui; 2. sigui; 3. tradueix; 4. conegui; 5. està; 6. és; 7. disposi de; 8. té; 9. pugui; 10. pot

**3**

1. a. vaig comprar / vam comprar / vas comprar; b. siguin
2. a. siguin, b. porto
3. a. agraden, b. agradin
4. a. tenen, b. vulguis
5. a. està, b. tingui

**4**

1. a; 2. b; 3. b; 4. a; 5. b; 6. b

**5**

1. on S; 2. on I; 3. on S; 4. on I; 5. on I; 6. com S; 7. com S; 8. com I

## UNITAT 59

**1**

1. causa, I
2. condició, S
3. finalitat, S
4. adversatiu, I
5. concessió, I
6. temps, I
7. exclusió, S
8. condició, S
9. moment posterior, S

**2**

1. acabi; 2. hagi; 3. se subscrigui; 4. perdi; 5. canviï; 6. quedi; 7. tingui

**3**

1. es trobi; 2. sigui; 3. tingui; 4. sol·liciten; 5. disposarà; 6. puguem; 7. és; 8. tinguem; 9. signifiqui; 10. puguem; 11. entri; 12. se senti; 13. facin; 14. es fa

**4**

1. a. vaig redactar X; b. redactis C
2. a. vaig arribar X; b. arribis C
3. a. parlis C; b. vaig parlar X
4. a. facis C; b. vaig fer X
5. a. vaig acomiadar-me X; b. t'acomiadis C

**5**

1. vegis; 2. passis; 3. arribis; 4. organitza; 5. marxava / vaig marxar; 6. vaig sortir; 7. arribi; 8. tingui; 9. compri

**6**

1. esperava; 2. insultis; 3. paguis; 4. canvien; 5. tenia; 6. em dutxava; 7. facis

**7**

1. se'n vagin; 2. van tocar; 3. estiguis; 4. van cantar; 5. arribi; 6. s'acabin; 7. van obrir; 8. acabi; 9. van obrir; 10. toquin

## UNITAT 60

**1**

1. a. tinc; b. indiqueu
2. a. necessito; b. facis

3. a. donin; b. van donar
4. a. estic; b. retornin
5. a. volem; b. diguis

**2**

1. surti; 2. agrada; 3. m'interessa; 4. faci;
5. insisteixo; 6. avorreixi; 7. m'agrada

**3**

1. diu; 2. miris; 3. vol / vulgui; 4. és; 5. expliques;
6. vols / vulguis; 7. agrada; 8. creguis

**4**

1. ~~fa~~: faci; 2. correcta; 3. ~~faci~~: fa; 4. ~~s'indiqui~~:
s'indica; 5. ~~veus~~: vegis; 6. correcta;
7. ~~són~~: siguin

## UNITAT 61

**1**

1. dormís; 2. fes; 3. rebessin; 4. dirigissin; 5. anés;
6. sabés; 7. fos; 8. servíssiu; 9. sortís; 10. llegíssim

**2**

1. aprendre: aprengués, aprenguessis
2. dur: duguéssiu, duguessin
3. dir: digués, digués
4. poder: poguéssiu, poguessin
5. riure: rigués, rigués
6. creure: creguéssiu
7. seure: seguessis
8. venir: vinguéssim, vinguéssiu
9. vendre: vengués, venguessis

**3**

|  | voler | ser |
|---|---|---|
| jo | volgués | fos |
| tu | volguessis | fossis |
| ell / ella / vostè | volgués | fos |
| nosaltres | volguéssim | fóssim |
| vosaltres | volguéssiu | fóssiu |
| ells / elles / vostès | volguessin | fossin |

| veure | viure | haver |
|---|---|---|
| veiés | visqués | hagués |
| veiessis | visquessis | haguessis |
| veiés | visqués | hagués |
| veiéssim | visquéssim | haguéssim |
| veiéssiu | visquéssiu | haguéssiu |
| veiessin | visquessin | haguessin |

**4**

1. practiqués el català...
2. mirés la tele en català.
3. anés a veure...
4. no traduís totes les paraules...
5. continués estudiant...
6. m'ho passés bé...
7. anéssim a prendre alguna cosa junts i
practiquéssim...
8. no barregés les llengües que sabia.

**5**

1. haguéssim estudiat
2. haguessis sortit
3. haguéssiu estat
4. haguéssim passat
5. hagués viatjat
6. haguessis tingut
7. haguéssiu hagut de treballar
8. hagués sabut

**6**

1. que els preus dels pisos hagin baixat.
2. que els sous hagin augmentat.
3. que l'atur hagi disminuït.
4. que els impostos s'hagin mantingut.
5. que el nombre d'afiliats a la Seguretat Social
hagi crescut.
6. que la factura del gas i de l'electricitat no hagin
canviat.
7. que hàgim / haguem estalviat molt els últims
mesos.
8. que els polític hagin tingut més contacte amb
els ciutadans.

## UNITAT 62

**1**

1. S, P; 2. A; 3. S, P; 4. S, P; 5. A; 6. S, P;
7. A

**2**

1. haguessin preparat
2. poséssim
3. haguéssim estat
4. hi hagués
5. s'hagués fos
6. féssim

**3**

1. hagis presentat
2. hàgiu / hagueu reservat
3. hagi funcionat
4. hagi vingut
5. hagi pogut
6. hagi llançat
7. hàgiu / hagueu fet
8. hàgiu / hagueu cantat

**4**

1. presentessis / presentéssiu
2. reservessis / reservéssiu
3. funcionés
4. vinguessin
5. pogués
6. emprenyéssiu
7. cantéssiu

**5**

1. comprés; 2. fos; 3. vinguessin; 4. tingués;
5. fossin; 6. parlés; 7. mengessin

**6**

1. Tant de bo Europa no estigui dividida i no
desaparegui l'euro.
2. Tant de bo totes les persones d'un país
–immigrades o no– poguessin votar en les
eleccions.
3. Tant de bo no depenguem del gasoil.

4. Tant de bo la majoria de governs no fossin de
dretes.
5. Tant de bo els cotxes amb gasolina no
continuïn sent els més venuts.
6. Tant de bo els preus de l'habitatge baixessin.
7. Tant de bo no augmenti la pobresa infantil al
món.

**7**

1. b.; 2. a; 3. b; 4. a; 5. b; 6. b

## UNITAT 63

**1**

1. hagi fet, d
2. hagi obtingut, e
3. hagin aprovat, h
4. hagi organitzat, f
5. hagin participat, g
6. hagi votat, b
7. hagi treballat, a

**2**

1. hagués tingut; 2. fos; 3. hagués administrat;
4. volguessin; 5. parlés; 6. dissenyés; 7. tinguessin

**3**

1. hagi fet; 2. calgui; 3. fumi; 4. hi hagi;
5. hagi treballat; 6. sigui; 7. demostri;
8. hagi visitat

Podríem usar l'imperfet de subjuntiu en els casos
en què l'acció del verb de l'oració relativa és
simultània o posterior a la del verb de la
principal: 2, 3, 4, 6 i 7. Si usem l'imperfet de
subjuntiu considerem menys probable l'acció
de la frase subordinada.

**4**

1. Per més que prometessis
2. abans que comencés l'examen.
3. sense que això ens costés diners.
4. per tal que poguessin estar més estona juntes.
5. amb la condició que ens el deixéssiu net i polit.
6. Per més que insistís a pagar el sopar
7. perquè el perdonés.

El temps que s'usa en les frases és l'imperfet
de subjuntiu. Usem aquestes formes perquè el
verb principal és en passat perifràstic o
imperfet i la relació entre el verb de l'oració
subordinada i el de la principal és de
simultaneïtat o posterioritat.

**5**

1. hagis anat / vagis
2. tinguem / hàgim tingut
3. hagin vist
4. hagi dit / digui
5. hàgiu rentat / renteu
6. hagis escalfat
7. hagi ajudat / ajudés

**6**

1. em baixés
2. tingués / hagués tingut
3. hagués volgut
4. hagués tingut

5. tingués
6. arribessin
7. tingués

**7**
1. fos; 2. pogués; 3. expliqués; 4. enlairés;
5. assegurés; 6. s'hagin queixat; 7. hagi fet;
8. poguessin; 9. donessin

## UNITAT 64

**1**
1. Apagueu; 2. Acabeu; 3. guarda;
4. estudia; 5. endreceu; 6. llegeix; 7. Poseu;
8. prepara; 9. renta't; 10. Escolteu

**2**
1. llegeixi; 2. dormiu; 3. proposin; 4. vigili;
5. passin; 6. Oblida / Oblidem, tornem;
7. Tradueix; 8. condueixin

**3**
1. Beu; 2. Seu; 3. Treu; 4. Encén; 5. enceneu;
6. moveu; 7. Seieu; 8. Beveu; 9. Traieu; 10. begui;
11. Rigui; 12. Tregui; 13. Seguin; 14. Treguin;
15. beguin

**4**
1. sàpigues; 2. digueu; 3. sapigueu; 4. faci;
5. vés; 6. tingues; 7. sigueu; 8. facin;
9. veniu; 10. Traguem; 11. estigueu

**5**
1. instrucció; 2. ordre; 3. consell;
4. invitació; 5. instrucció; 6. permís

**6**
1. fumis; 2. miris; 3. et posis; 4. mengis;
5. gastis; 6. llegeixis

**7**
1. begueu; Beveu
2. dugueu; Dueu
3. vingueu; Veniu
4. Apreneu; aprengueu
5. digueu; digueu
6. traieu; tragueu
7. segueu; Seieu

**8**
1. els llenceu; Afegiu-los
2. barregeu-lo
3. Utilitzeu-la
4. les llenceu, porteu-les
5. deixeu-la

## UNITAT 65

**1**

| Definir, classificar o identificar |
|---|
| 2. L'homeopatia és una pràctica terapèutica.<br>5. Setúbal és una ciutat de Portugal.<br>7. La Mari Pedra és la directora de l'escola La Vall. |

| Expressar característiques permanents |
|---|
| 3. La Meritxell i en Jan són andorrans.<br>4. El nostre primer pis era molt petit.<br>6. El teu cotxe és vermell?<br>9. Jo sóc alt i prim, però el meu germà és baix i gras. |

| Situar en un lloc |
|---|
| 1. Ceret és a la Catalunya Nord.<br>8. Ahir, quan ens vas trucar, érem al cine. Per això no vam contestar. |

**2**
1. a; 2. b; 3. b; 4. a; 5. a; 6. b; 7. a; 8. b

**3**
1. està; 2. sóc; 3. estaven; 4. és; 5. és; 6. Estàs;
7. és

**4**
1. és de llana, està brut, és blau, està per llençar.
2. sou mallorquins?, sou comunistes?, esteu en crisi?, esteu enfadats?
3. estic d'acord amb tu, estic cansat, sóc periodista, estic content.
4. està a punt de sortir al mercat, és japonès, està molt bé, és un cotxe elèctric.
5. estem sense feina, estem malalts, som bons amics, som veïns.
6. està enfadat, és molt presumit, és una mica calb, està en contra del doblatge de pel·lícules.

**5**
1. ets, Sóc; 2. s'estan; 3. està; 4. és;
5. estaré; 6. vam estar; 7. són; 8. estarem

**6**
1. era; 2. hi ha; 3. hi ha; 4. és; 5. hi ha; 6. són;
7. hi ha

**7**
1. era; 2. vaig estar; 3. estava; 4. hi havia;
5. estava; 6. era; 7. estaven 8. hi havia; 9. hi ha

**8**

| Situar un lloc | Permanència o residència en un lloc | Presència o existència de persones o coses en un lloc |
|---|---|---|
| 1. era<br>6. era | 2. vaig estar<br>3. estava<br>5. estava<br>7. estaven | 4. hi havia<br>8. hi havia<br>9. hi ha |

## UNITAT 66

**1**
1. a; 2. a; 3. a; 4. b; 5. a; 6. b; 7. a

**2**
1. començo a fer
2. farem / ens posem a fer
3. Està a punt d'estrenar-se
4. Estàvem a punt de sortir / Anàvem a sortir
5. comença a fer
6. Estan a punt de comprar-se

**3**
1. tornen a pujar
2. es torna a casar / torna a casar-se
3. tornen a actuar
4. continuaran pujant / continuen pujant
5. continuen tocant / van continuar tocant
6. continua fent
7. torna a estar

**4**
1. Continua escrivint...
2. Ha deixat de treballar...
3. Continua tenint...
4. Continua vivint...
5. Ha deixat d'estudiar...
6. Ha deixat de jugar...
7. Continua fent...

**5**

| El final d'un procés |
|---|
| 4. acabeu de dinar<br>6. han acabat de restaurar<br>8. acabem de mirar |

| L'acció ha passat ara mateix |
|---|
| 2. acabem de sentir<br>3. Acaben de robar-me<br>7. acaba de trucar |

| L'acció és incompleta |
|---|
| 1. No m'acaba d'agradar.<br>5. vam acabar d'entendre |

**6**
1. a; 2. b; 3. b; 4. b; 5. a; 6. a; 7. b

**7**
1. solen demanar
2. solien jugar
3. va fitxar
4. solien dir
5. solen beure
6. va perdre
7. Sol fer
8. es retirarà

**8**
1. ~~solia ser un noi tímid~~: era un noi tímid
2. ~~solien regalar-me un arc~~: van regalar-me un arc
3. ~~acostumava a tenir les orelles molt grosses~~: tenia les orelles molt grosses
4. ~~sol ser l'alcalde~~: és l'alcalde

## UNITAT 67

### 1

| Accions o condicions obligatòries, especificant qui les ha de fer |
|---|
| 1. han d'allotjar-se |
| 3. ha de conèixer |
| 4. ha d'anar |
| 5. han de començar |
| 6. han d'estudiar |
| 7. han d'aprendre |
| 9. han de votar |
| 10. han de votar |

| Accions o condicions obligatòries, sense especificar qui les ha de fer |
|---|
| 2. cal tenir |
| 8. cal tenir |
| 11. s'ha de ser |

### 2
1. ha de
2. poden
3. Cal / S'ha de
4. han de
5. cal / s'ha de
6. ha de
7. Cal / S'han de
8. heu d'
9. hem de / han de

### 3
1. deu ser
2. Devia tenir
3. Deurà ser
4. És
5. he tirat
6. Devia ser
7. deu ser
8. Deuen estar

### 4
1. deu saber
2. deuen voler
3. deu nevar
4. es devia trobar / devia trobar-se
5. deu tenir
6. deurà pujar
7. deu estar

### 5
1. B: Possibilitat
2. C: Permís
3. A: Capacitat
4. C: Permís
5. B: Possibilitat
6. C: Permís
7. A: Capacitat
8. B: Possibilitat
9. C: Permís

### 6
1. saben
2. puc

3. sap
4. Sabeu
5. poden
6. poden / saben
7. Pots / Podeu
8. saben / poden

### 7
1. volem / pensem muntar
2. Volem / Pensem fer
3. Volem / Pensem llogar
4. Vull / Penso acabar
5. Vull / Penso llogar
6. vol / pensa llogar
7. vull / penso buscar
8. voleu / penseu compartir

## UNITAT 68

### 1
1. està pixant
2. estan pujant
3. està estirant
4. està gronxant
5. estan perseguint
6. està dormint
7. està agafant
8. està parlant

### 2
1. B; 2. A; 3. A; 4. B; 5. C; 6. B; 7. A; 8. C, A

### 3
1. A São Paulo, en Milton estava esmorzant.
2. A Nova York, l'Anne i en Peter estaven anant a la feina.
3. A Buenos Aires, en Néstor estava agafant l'autobús per anar a la feina.
4. A Bucarest, en Nico s'estava llevant / estava llevant-se.
5. A Nova Delhi, l'Asha estava sortint de la feina.
6. A Tòquio, en Haruki i la Neko estaven sopant.

### 4
1. Estaré dormint
2. Seré
3. Estarem esmorzant
4. Estaré ballant
5. Estaré anant
6. Estarem decorant
7. Estaré mirant
8. Estaré

### 5
1. va anar
2. va estar dinant / va dinar
3. va reunir-se
4. va agafar
5. va anar
6. Va sortir
7. va tornar
8. va estar llegint / va llegir
9. va sortir
10. va tornar
11. va arribar

12. van estar destruint / van destruir
13. van estar fent / van fer
14. van marxar

### 6
1. b; 2. a; 3. a; 4. b; 5. b; 6. b

## UNITAT 69

### 1
1. el seu, l'; 2. jo, ell; 3. el seu, nosaltres;
4. li, el nostre; 5. ells; 6. el seu; 7. del meu, el seu

### 2
1. els seus; 2. ell; 3. els; 4. els seus; 5. ells;
6. la seva; 7. anar

### 3
1. aquell dia
2. el dia abans / el dia anterior
3. l'endemà
4. la setmana següent
5. el mes següent
6. en aquell moment

### 4
1. van estar; 2. és; 3. va néixer; 4. venera;
5. es poden; 6. és; 7. arriba

### 5
1. es van casar / s'havien casat
2. organitzarà / organitzaria
3. es jubila / es jubilava
4. serà / seria
5. va viure / havia viscut
6. treballa / treballava
7. havia muntat / va muntar / ha muntat

### 6
1. quants anys tenies
2. si vas mirar
3. com vas conèixer / com havies conegut
4. si voldràs / si voldries sortir a passejar
5. per què no has anat / per què no havies anat
6. amb quina amiga has sortit / amb quina amiga havies sortit
7. quin dia ens faràs / quin dia ens faries

### 7
1. e, parli; 2. b, continuï; 3. f, pagui; 4. g, faci;
5. c, prengui; 6. h, vagi; 7. d, digui

### 8
1. estava; 2. es llevava; 3. passejava; 4. sortia
5. aprofitessin; 6. havien vingut / van venir
7. volien; 8. va ser / havia estat; 9. si no els feia
10. era; 11. si eren; 12. eren; 13. quant pesaven
14. pesava; 15. per què deia;
16. va néixer / havia nascut

## UNITAT 70

### 1
1. balleu, a
2. aneu, d
3. coneixeu, e
4. feu, f
5. mengeu, g

18

6. visiteu, c
7. us allotgeu, h

**2**
1. féssim, coneixeria
2. Tindríem, venguéssim
3. obtinguéssim, seria
4. cuinés, seríem
5. Guanyaríem, comprés
6. s'abaixaria, augmentéssim
7. fossin, compraria

**3**
1. a-b, b-a; 2. a-a, b-b; 3. a-b, b-a; 4. a-a, b-b;
5. a-a, b-b

**4**
1. pescaria; 2. fos; 3. atraparia; 4. fos;
5. obririen; 6. fos; 7. vindria; 8. fossis;
9. creixeria; 10. llevaria; 11. seria; 12. fossis;
13. manllevaria; 14. fossis; 15. rebria;
16. fossis; 17. estimaria

**5**
1. Podria, hagués après
2. hagués fet, em cansaria
3. agafaria, hagués fumat
4. hagués continuat, hauria d'
5. hagués tingut, estaria
6. seria, hagués marxat
7. tindria, hagués treballat
8. hagués atracat, seria

**6**
1. haguéssim fet, hauria conegut
2. haguéssim venut, hauríem tingut
3. Hauria estat, haguéssim obtingut
4. hagués cuinat, hauríem estat
5. Hauríem guanyat, hagués comprat
6. s'hauria abaixat, haguéssim augmentat
7. haguessin estat, hauria comprat

**7**
1. P; 2. P; 3. F; 4. P; 5. P; 6. F; 7. F; 8. P; 9. P; 10. F

## UNITAT 71

**1**
1a. Es lloguen
1b. Es lloga
2a. Es regala
2b. Es regalen
3a. Es venen
3b. Es ven
4a. No s'accepta
4b. S'accepten
5a. Es busca
5b. Es busquen

**2**
1. es fan cursets de formació.
2. no s'ofereixen sous alts.
3. no es pot escoltar la ràdio a la feina.
4. es dina a l'empresa.
5. es comença la jornada a les set del matí.
6. s'acaba la jornada a les vuit del vespre.
7. es poden / es pot deixar els fills a la llar
d'infants de l'empresa.

**3**
1. es fica
2. Es treu
3. s'esprem
4. es talla
5. es trinxen
6. Es ratlla
7. s'afegeix
8. es barreja
9. s'afegeixen
10. s'amaneix

**4**
1. A la recepció de l'hotel un es fa el simpàtic.
2. En aquest restaurant no accepten targetes de
crèdit.
3. Com es fa la lasanya?
4. Als països del nord d'Europa beuen gaire
cervesa / la gent beu gaire cervesa / tothom
beu gaire cervesa?
5. En aquesta empresa tracten molt bé els empleats.
6. S'han d'entregar les notes abans de l'últim dia
de febrer.
7. Tothom ha d'arribar puntual a la feina. / Has
d'arribar puntual a la feina.

**5**
1. Un tigre del zoo ha atacat un nen de quatre anys.
2. Un pagès de Manacor va trobar una caixa
plena de monedes medievals.
3. Els manifestants van escridassar els membres
del nou Partit Progressista.
4. La majoria de diputats han aprovat la nova llei
de cotxes no contaminants.
5. Aquest cap de setmana s'estrenarà la nova
pel·lícula de Ponç Ventura.
6. Un grup de seguidors rebrà els guanyadors de
la Copa del Món de Ciclisme.
7. La Comissió de Jutges Antidopatge va
desqualificar el ciclista Biel Cicleta.
8. Diumenge que ve s'inaugurarà una nova
exposició de pintura avantguardista.

**6**
1. es van construir
2. es van ampliar
3. Es va consagrar
4. es van fer
5. es va construir
6. es va decidir
7. es va estrenar
8. Es van mantenir
9. es va perdre
10. es va saquejar
11. Es van perdre
12. es van destruir
13. es van fer

1. van ser ampliats
2. va ser consagrada
3. van ser fetes
4. va ser construït

## UNITAT 72

**1**
1. Després; 2. Abans; 3. ara; 4. després; 5. Ara;
6. Abans; 7. Ara

**2**
1. a; 2. a; 3. b; 4. a; 5. b; 6. b; 7. a

**3**
1. demà passat
2. ahir
3. abans-d'ahir
4. demà
5. avui
6. abans-d'ahir
7. demà
8. demà passat
9. ahir

**4**
1. Després d'
2. Després de
3. Abans de
4. Després de
5. Abans de
6. Després de
7. Després de

**5**
1. llavors / aleshores
2. tot seguit / de seguida
3. mentrestant
4. llavors / aleshores
5. de seguida / tot seguit
6. mentrestant

**6**
1. Cinc minuts després / Cinc minuts més tard
/ Després de cinc minuts / Al cap de cinc minuts
2. Tres hores després / Tres hores més tard
/ Després de tres hores / Al cap de tres hores
3. Deu minuts després / Deu minuts més
tard / Després de deu minuts / Al cap de deu
minuts
4. Un quart d'hora (quinze minuts) després / Un
quart d'hora (quinze minuts) més tard / Després
d'un quart d'hora (quinze minuts) / Al cap d'un
quart d'hora (quinze minuts)
5. Mitja hora després / Mitja hora més tard
/ Després de mitja hora / Al cap de mitja hora
6. Mitja hora després / Mitja hora més tard
/ Després de mitja hora / Al cap de mitja hora
7. Una hora i mitja després / Una hora i mitja més
tard / Després d'una hora i mitja / Al cap d'una
hora i mitja

**7**
1. abans d'un mes
2. abans d'un any
3. Dos dies abans
4. tres hores abans
5. abans de dos mesos
6. un dia abans
7. abans d'una setmana

## UNITAT 73

**1**
1. a; 2. a; 3. a; 4. b; 5. b; 6. b; 7. a i b; 8. a

**2**
Fet previst que s'ha produït: 1, 3, 4, 6
Moment futur que no sabem quan arribarà: 2, 5, 7

**3**

1. ja no; 2. encara; 3. ja no / encara; 4. encara;
5. ja no; 6. encara; 7. encara

**4**

1. Encara no; 2. Encara no; 3. Ja; 4. Ja;
5. Encara no; 6. Ja; 7. Encara no

**6**

1. tard; 2. aviat; 3. aviat; 4. tard;
5. d'hora / aviat, tard; 6. Aviat; 7. tard

Usem aviat i no d'hora en les frases 2, 3 i 6
perquè parlem d'una acció que passarà en un
futur pròxim.

## UNITAT 74

**1**

1. Gairebé sempre
2. Normalment / sovint
3. Sovint / normalment
4. De vegades
5. De tant en tant
6. Quasi mai
7. Mai

**2**

1. sempre
2. normalment / sovint
3. sempre
4. normalment / sovint
5. Normalment / Sovint
6. sempre
7. sempre

**3**

1. de vegades
2. molt sovint
3. normalment
4. de tant en tant
5. mai
6. sempre
7. normalment
8. Molt de tant en tant

**4**

1. Els Rodríguez no vendran mai la casa a aquest
preu.
2. El meu home i jo no sortim quasi mai a sopar
fora perquè tenim tres criatures.
3. Tu i el teu germà mai més (no) tornareu a fer
una cosa així, oi?
4. Mai (no) desparo la taula quan acabo de sopar.
5. L'Íngrid no sortirà mai més amb un home casat.
6. El meu pare quasi mai (no) va en avió.

**5**

1. mensualment; 2. rarament; 3. anualment;
4. setmanalment; 5. regularment / freqüentment;
6. Periòdicament

## UNITAT 75

**1**

1. Al capdamunt; 2. A la dreta; 3. Al costat;
4. Darrere; 5. Lluny; 6. Al voltant; 7. Aquí;
8. Davant per davant; 9. A sota

**2**

1. al fons; 2. Al principi / al fons; 3. Enlloc;
4. Al mig; 5. fora; 6. Al final / al fons;
7. Pertot arreu, A tot arreu, Pertot; 8. Dins

**3**

1. A baix; 2. Sobre els; 3. Sota les; 4. Sobre;
5. Sota; 6. Sobre; 7. Sota els

**4**

1. endins; 2. endavant; 3. amunt; 4. enrere;
5. avall; 6. enfora

**5**

1. a dins; 2. a prop / a la vora; 3. baix;
4. a la dreta; 5. avall; 6. darrere;
7. enrere / endarrere

**6**

1. a. davant; b. endavant
2. a. endins; b. dins
3. a. darrere; b. enrere
4. a. A fora; b. enfora
5. a. avall; b. a baix

## UNITAT 76

**1**

1. tranquil·lament
2. amablement
3. cordialment
4. atentament
5. voluntàriament
6. dolçament
7. tímidament
8. esportivament

**2**

1. punt de vista; 2. seqüència; 3. temps;
4. manera; 5. seqüència; 6. temps;
7. manera; 8. afirmació; 9. quantitat

**3**

1. igual; 2. clar; 3. fort; 4. baix; 5. fluix;
6. alt; 7. ràpid

**4**

1. malament; 2. mal; 3. ben; 4. bé;
5. malament; 6. ben; 7. mal; 8. ben

**5**

1. de pressa; 2. de franc; 3. a poc a poc;
4. de mica en mica; 5. Tot d'una;
6. a mitges; 7. a corre-cuita; 8. si fa no fa;
9. en dejú; 10. més aviat; 11. de nou

## UNITAT 77

**1**

1. Per la seva seguretat, els banyistes no poden
passar de les boies que hi ha al mar.
2. Es pot portar menjar i beguda de casa.
3. Per respecte als altres, no es pot posar la
música forta.
4. No es pot fer nudisme fora de les àrees
destinades a aquesta pràctica.
5. Es pot entrar a l'aigua amb matalassos i
flotadors.

6. Per respecte als banyistes, no es pot pescar
abans de les nou del vespre.
7. No es pot acampar a la nit a la platja. Està
prohibit.

**2**

1. Ningú ha fet els deures.
2. No m'aprimo gens.
3. No ho trobo enlloc.
4. Mai hem viatjat a l'estranger.
5. No m'agrada res.
6. La meva empresa no té cap problema
econòmic.
7. Jo tampoc aniré a la manifestació.

**3**

1. Sí, fa exactament sis anys.
2. No, no n'estic content.
3. Sí. / Sí que les vull saber.
4. Sí, el meu correu electrònic és
ikercamilles@arrova.com.
5. No, no el vull canviar.
6. No, no el vull canviar.
7. Sí. / Sí que es poden posar en contacte amb mi.

**4**

1. a; 2. b; 3. a; 4. a; 5. a; 6. b; 7. b

**5**

1. tampoc
2. també
3. tampoc
4. també
5. també
6. tampoc
7. també

**6**

1. Ni parlar-ne. / De cap manera. / I ara!
2. Potser.
3. Ni parlar-ne. / De cap manera. / I ara!
4. I tant! / Esclar que sí.
5. Segurament. / Probablement.
6. I tant! / Esclar que sí.
7. Ni parlar-ne. / De cap manera. / I ara!
8. Segurament. / Probablement.

## UNITAT 78

**1**

1. tan sols; 2. Sobretot; 3. Únicament / Tan sols;
4. sobretot; 5. sobretot; 6. tan sols / únicament;
7. Només

**2**

1. Ø
2. quasi / gairebé
3. quasi / gairebé
4. Ø
5. Quasi / Gairebé
6. Ø
7. quasi / gairebé

**3**

1. tendència
2. tendència
3. temps
4. tendència

5. tendència
6. tendència
7. temps

**4**
1. b; 2. a; 3. b; 4. a; 5. b; 6. b; 7. a

**5**
1. ni tan sols; 2. fins i tot; 3. ni tan sols;
4. almenys; 5. fins i tot; 6. almenys; 7. ni tan sols

**6**
1. almenys; 2. almenys; 3. ni tan sols;
4. almenys; 5. ni tan sols; 6. almenys

Es parla del mínim que s'espera en les frases 1, 2, 4 i 6, i es nega una cosa que es considera el mínim que s'espera en les frases 3 i 5.

**7**
1. solament; 2. fins i tot; 3. almenys;
4. més aviat; 5. ni tan sols; 6. almenys;
7. gairebé

**1**
1. en; 2. a; 3. A  4. a; 5. en; 6. en; 7. a

**2**
1. b; 2. b; 3. a; 4. a; 5. a; 6. b; 7. b

**3**
1. A; 2. a; 3. a; 4. a l'/en; 5. a; 6. a;
7. als; 8. Al/En

**4**
1. En. Durada
2. a. Freqüència
3. en. Durada
4. en. Durada
5. a. Freqüència
6. en. Durada
7. en. Durada

**5**
1. a la llauna, en escabetx
2. en silenci
3. a mà, a màquina
4. en física
5. a 1 euro
6. a les fosques, a bufetades
7. en sal, en vitamina C
8. en autobús, en tren

**6**
1. a la gata; 2. correcte; 3. correcte;
4. correcte; 5. a la Lurdes; 6. correcte;
7. correcte

**7**
1. a; 2. a; 3. a; 4. en; 5. en; 6. en; 7. en; 8. a; 9. En;
10. en

**8**
1. origen; 2. pertinença; 3. matèria;
4. pertinença; 5. estil; 6. matèria; 7. autoria;
8. sentits; 9. origen

**9**
1. de; 2. del; 3. de; 4. de; 5. dels; 6. del; 7. de;
8. dels; 9. d'; 10. d'

**1**
causa: 5
agent: 2
distribució: 3
preu: 1
opinió: 4
mitjà: 6
substitució: 7

**2**
1. b; 2. a; 3. b; 4. b; 5. a; 6. a; 7. b

**3**
1. b; 2. a; 3. a; 4. b; 5. a; 6. a; 7. a

**4**
1. a; 2. En; 3. pel; 4. per/al; 5. En; 6. Per;
7. per/al; 8. a

**5**
1. per; 2. en; 3. a; 4. en; 5. a; 6. pels; 7. per;
8. pels/als

**6**
1. a; 2. b; 3. a; 4. a; 5. a; 6. b

Podem usar *abans de* a les frases 2 i 6.

**7**
1. per; 2. per a; 3. per; 4. per; 5. Per a; 6. per a;
7. Per; 8. per; 9. Per; 10. Per

**1**
1. amb gas o sense gas?
2. amb bastonets o amb forquilla i ganivet?
3. amb algú o sol?
4. amb suavitzant o sense?
5. ben equipat o sense equipatge?
6. amb metro o amb autobús?
7. amb subtítols o doblades?
8. amb la parella o amb els amics?

**2**
1. des de, fins a; 2. fins als; 3. des del; 4. fins a;
5. des de, fins a; 6. fins a  7. des d';
8. des de, fins a; 9. des de

**3**
1. b; 2. b; 3. a; 4. b; 5. a i b; 6. a; 7. b; 8. a i b

Podem usar indistintament *a* i *fins a* la frase 5.
Podem usar indistintament *de* i *des de* a la frase 8.

**4**
xoc/contacte: 1, 2, 4, 6; contacte: 1, 2;
direcció oposada: 5, 7; oposició figurada: 3

**5**
1. cap a; 2. Entre; 3. Entre, i; 4. cap a; 5. entre;
6. com; 7. Entre, i; 8. com a

**6**
1. des de; 2. com a; 3. cap a; 4. contra;
5. amb; 6. fins; 7. sense; 8. sense;
9. cap a; 10. en contra d'; 11. a favor del;
12. entre

**1**
1. per culpa del; 2. gràcies a; 3. gràcies a;
4. per culpa de; 5. per culpa d'; 6. gràcies a;
7. per culpa de

**2**
1. Segons
2. a través de
3. a través de/mitjançant/per mitjà de
4. Segons
5. a través d'
6. a través d'
7. Segons
8. a través de/mitjançant/per mitjà de

**3**
1. La Clara ha deixat de fumar tot i/malgrat/a pesar de la dependència de la nicotina que tenia.
2. La Clara s'ha comprat un pis tot i/malgrat/a pesar de no tenir una feina estable per pagar la hipoteca.
3. La Clara ha decidit adoptar un fill tot i/malgrat/a pesar del temps que s'ha d'esperar i els tràmits que s'han de fer.
4. La Clara s'ha apuntat al gimnàs tot i/malgrat/a pesar de la manca de temps per fer esport.
5. La Clara s'ha tret el carnet de conduir tot i/malgrat/a pesar de la por que té als cotxes.
6. La Clara farà un viatge a les illes Canàries tot i/malgrat/a pesar del pànic que li fa volar.
7. La Clara s'ha aprimat tot i/malgrat/a pesar de menjar molts dolços.

**4**
1. excepte/menys; 2. excepte/menys;
3. a part de; 4. a part d'; 5. A part de;
6. excepte/menys; 7. A part de

**5**
1. Mengi coses a la planxa en lloc de/en comptes de coses fregides.
2. Mengi fruita per postres en lloc de/en comptes de coses dolces.
3. En els àpats, begui aigua en lloc de/en comptes de cervesa.
4. Faci exercici cardiovascular en lloc de/en comptes de fer estiraments.
5. Per esmorzar, mengi pa amb melmelada en lloc d'/en comptes d'embotit.
6. Mengi productes sense greix en lloc de/en comptes de productes greixosos.
7. Procuri prendre sacarina amb el cafè en lloc de/en comptes de sucre.

**6**
1. Segons; 2. A més d'; 3. tot i; 4. Pel que fa a;
5. a més d'; 6. excepte; 7. mitjançant;
8. per mitjà del

## UNITAT 83

**1**

1. ni treballa per fer-se ric.
2. i treballa per vocació.
3. ni pot escridassar els alumnes.
4. i ha de parlar molt.
5. ni està obligat a viatjar per feina.
6. i fa servir la pissarra.

2. No només li agrada la seva feina, sinó que també treballa per vocació.
4. No només ha d'escoltar molt, sinó que també ha de parlar molt.
6. No només utilitza un llibre de text, sinó que també fa servir la pissarra.

**2**

1. Només faran una d'aquestes opcions.
2. Faran una o més d'una d'aquestes opcions.
3. Només faran una d'aquestes opcions.
4. Només faran una d'aquestes opcions.
5. Faran una o més d'una d'aquestes opcions.
6. Només faran una d'aquestes opcions.
7. Faran una o més d'una d'aquestes opcions.

**3**

1. i; 2. i; 3. ni; 4. ni; 5. i; 6. Ø; 7. i; 8. ni; 9. ni; 10. ni; 11. ni

**4**

1. O; 2. i; 3. ni; 4. ni; 5. o / o bé; 6. i; 7. ni; 8. ni

**5**

1. però
2. però
3. però / mentre que
4. sinó
5. mentre que / però
6. sinó que

**6**

1a. Des que
1b. des de
2a. abans que
2b. abans de
3a. Després de
3b. Després que
4a. tot i
4b. tot i que
5a. a pesar de
5b. a pesar que
6a. malgrat
6b. malgrat que
7a. sense
7b. sense que

**7**

1. que; 2. però; 3. o; 4. ni; 5. que; 6. però; 7. ni; 8. i; 9. mentre que; 10. sinó; 11. i

## UNITAT 84

**1**

1. Sempre que / Cada vegada que
2. al mateix temps que / mentre
3. a mesura que
4. Sempre que / Cada vegada que

5. Mentre
6. A mesura que
7. mentre / al mateix temps que

**2**

1. Ø
2. Així que / Tan aviat com
3. Ø
4. així que / tan aviat com
5. Ø
6. així que / tan aviat com
7. Ø

**3**

1. P; 2. S; 3. A; 4. P; 5. A; 6. S; 7. A; 8. S

**4**

1. Quan arribava a casa prenia pa amb vi i sucre per berenar. / Prenia pa amb vi i sucre per berenar quan arribava a casa.
2. Sempre que plovia sortíem a buscar cargols. / Sortíem a buscar cargols sempre que plovia.
3. Cada vegada que m'adormia a classe el mestre em renyava. / El mestre em renyava cada vegada que m'adormia a classe.
4. De seguida que em llevava anava a munyir les vaques. / Anava a munyir les vaques de seguida que em llevava.
5. A mesura que segàvem el blat fèiem les bales de palla. / Fèiem les bales de palla a mesura que segàvem el blat.
6. Així que acabava l'escola treia les ovelles a pasturar. / Treia les ovelles a pasturar així que acabava l'escola.
7. Estudiava la lliçó al mateix temps que encenia la llar de foc. / Encenia la llar de foc al mateix temps que estudiava la lliçó.
8. Tan aviat com sortia el sol el meu pare ens llevava per fer feina. / El meu pare ens llevava per fer feina tan aviat com sortia el sol.

**5**

1. com si; 2. com; 3. igual com; 4. com si; 5. com; 6. igual com / com; 7. com si

**6**

1. quan; 2. com si; 3. quan; 4. com si; 5. com; 6. com; 7. com si

## UNITAT 85

**1**

1. a. No vindrem al sopar perquè tenim els nens malalts .
   b. Com que tenim els nens malalts, no vindrem al sopar.
2. a. Com que en Matthew té problemes amb la parella, va venir a parlar amb mi.
   b. En Matthew va venir a parlar amb mi perquè té problemes amb la parella.
3. a. La Montse demanarà la baixa perquè té una depressió.
   b. Com que la Montse té una depressió, demanarà la baixa.
4. a. Com que els meus pares estan jubilats, viatgen molt sovint.
   b. Els meus pares viatgen molt sovint perquè estan jubilats.

5. a. Et passes moltes hores davant de l'ordinador perquè estàs enganxat al Caretobook.
   b. Com que estàs enganxat al Caretobook, et passes moltes hores davant de l'ordinador.
6. a. Aneu molt sovint al teatre perquè teniu un abonament anual.
   b. Com que teniu un abonament anual, aneu molt sovint al teatre.

**2**

1. c; a. finalitat, b. causa
2. b; a. causa, b. finalitat
3. d; a. finalitat, b. causa
4. f; a. causa, b. finalitat
5. e; a. finalitat, b. causa
6. g; a. finalitat, b. causa

**3**

1. Reduirem el trànsit en cotxe particular, no sigui que augmentin les infeccions pulmonars.
2. Prohibirem l'ús de pesticides en els conreus, no sigui que ens posem malalts per la qualitat de la fruita i la verdura.
3. Buscarem noves fonts d'energia, no sigui que el petroli es converteixi en un motiu de conflicte permanent.
4. Potenciarem el consum de proximitat, no sigui que augmenti l'efecte hivernacle pel transport d'aliments a llargues distàncies.
5. Recollirem l'aigua de la pluja, no sigui que ens quedem sense aigua dolça.
6. Crearem més zones verdes a les ciutats, no sigui que l'aire de les zones urbanes estigui cada vegada més contaminat.

**4**

1. La Paula té tants problemes amb la seva mare malalta que el Govern li ha donat una ajuda.
2. Gastem tant que a final de mes estem en números vermells.
3. Els pares de la Noual són tan grans que els ha ingressat en una residència.
4. Teniu tanta feina endarrerida que us quedareu a treballar una estona més.
5. Ets tan garrepa que no ens convides mai a sopar fora.
6. Em trobo tan malament de l'estómac que me'n vaig al metge d'urgències ara mateix.
7. En Jordi fuma tant que a les nits s'ofega i no pot dormir.
8. Parleu tantes llengües que trobareu una bona feina de seguida.

**5**

1. h; 2. e; 3. b; 4. g; 5. c; 6. d; 7. f; 8. b; 9. d; 10. c; 11. a

**6**

1. a; 2. b; 3. a; 4. b; 5. a; 6. a

**7**

1. tant que
2. encara que
3. per més que
4. perquè
5. sempre que
6. excepte que
7. no fos cas que

## UNITAT 86

### 1
1. Per cert
2. sobre
3. Per cert
4. Precisament / Per cert,
5. sobre
6. sobre
7. Precisament
8. Per cert

### 2
1. A continuació / En segon
   lloc / Seguidament / Tot seguit
2. per acabar / finalment
3. per començar / en primer lloc / primerament
4. a continuació / en segon
   lloc / seguidament / tot seguit
5. A continuació / Seguidament / Tot seguit
6. Per acabar / Finalment

### 3
1. com ara
2. O sigui
3. Més ben dit
4. com ara
5. o sigui
6. com ara
7. més ben dit

| Matisar el que acabem d'expressar |
| --- |
| 0, 3, 7 |

| Explicar la informació anterior amb altres paraules |
| --- |
| 2, 5 |

| Posar un exemple |
| --- |
| 1, 4, 6 |

### 4
1. com ara; 2. és a dir; 3. Més ben dit;
4. com ara; 5. més ben dit; 6. per una banda;
7. per l'altra; 8. És a dir

### 5
1. En primer lloc; 2. millor dit; 3. com ara;
4. Precisament; 5. Pel que fa a; 6. a més a més;
7. Per cert; 8. Per acabar

## UNITAT 87

### 1
1. a; 2. b; 3. b; 4. a; 5. a; 6. b; 7. b

### 2
1. En canvi
2. De tota manera
3. Ara bé
4. En tot cas
5. Això sí
6. en el fons
7. En qualsevol cas

### 3
1. De tota manera
2. En canvi
3. Així doncs
4. En definitiva
5. Així que
6. En realitat
7. Malgrat això
8. Resumint

### 4
1. Així doncs, / Per tant, / Així que / O sigui que no hi haurà més vals de menjador.
2. Així doncs, / Per tant, / Així que / O sigui que tothom farà una hora extra al dia.
3. Així doncs, / Per tant, / Així que / O sigui que prejubilarem els treballadors més grans de cinquanta-cinc anys.
4. Així doncs, / Per tant, / Així que / O sigui que a l'hivern vindrem a treballar ben abrigats perquè no encendrem les estufes.
5. Així doncs, / Per tant, / Així que / O sigui que farem servir el cotxe particular per repartir les comandes.
6. Així doncs, / Per tant, / Així que / O sigui que a l'estiu substituirem els aparells d'aire condicionat per ventalls manuals per al personal.

### 5

| Obrir o tancar una conversa | Dir que hem entès el que ens han dit i que ara és el nostre torn de paraula |
| --- | --- |
| 0, 11 | 1, 3, 5, 7, 9 |

| Reprendre el torn de paraula | Oposar-nos al que ens acaben de dir |
| --- | --- |
| 4 | 10 |

| Acceptar el que ens acaben de dir o oposar-hi resistència | Expressar una conseqüència del que ens acaben de dir |
| --- | --- |
| 2, 9 | 6 |

| Expressar una conclusió que traiem després del que ens acaben de dir |
| --- |
| 8, 12 |